AF275198

GRACIAS POR CONFIAR EN COLEX

Disfrute gratuitamente **DURANTE UN AÑO** de los eBook, audiolibros y Colex Copilot de las obras de Editorial Colex*

ACTIVA TU CÓDIGO PARA ACCEDER A LOS SERVICIOS

1. Accede a **www.colex.es**.

2. Inicia sesión o regístrate como usuario.

3. Dirígete al menú de usuario y haz clic en «**Mis códigos**».

4. Introduce el siguiente código (**RASCA PARA VER EL CÓDIGO**):

◆ Una vez se valide el código, aparecerá una ventana de confirmación y su eBook / audiolibro / Colex copilot estarán activos **durante 1 año desde su activación** en la pestaña «Mis libros» en el menú de usuario.

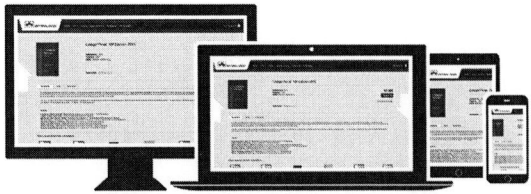

¡Gracias por confiar en nosotros!

La obra que acaba de adquirir incluye de forma gratuita la versión electrónica.

Acceda a nuestra página web para aprovechar todas las funcionalidades de las que dispone en nuestro lector.

Funcionalidades eBook

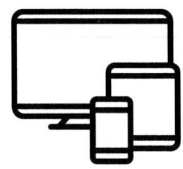

Acceso desde cualquier dispositivo con conexión a internet

Idéntica visualización a la edición de papel

Navegación intuitiva

Tamaño del texto adaptable

Síguenos en:

NUEVA FUNCIONALIDAD CON INTELIGENCIA ARTIFICIAL EN LOS LIBROS DE COLEX

| Una cortesía de Iberley.es |

En Colex damos un paso más en innovación jurídica. Desde ahora, las guías «Paso a paso» y los «Vademecum» incorporan una nueva funcionalidad basada en **inteligencia artificial**, gracias a la tecnología de **Iberley IA.**

El lector podrá interactuar directamente con el contenido del libro de forma inmediata, útil y centrada exclusivamente en su materia.

☑ **¿Qué puede hacer el usuario en el libro?**

- 💬 Realizar preguntas sobre el contenido del libro.

- 📚 Solicitar explicaciones de artículos, conceptos o normativa.

- ☀ Utilizar un ChatBot inteligente, contextualizado y acoplado al contenido legal del libro.

- 💡 Resolver dudas puntuales mientras se estudia o trabaja con la obra.

☒ **¿Qué no puede hacer esta versión del ChatBot?**

- ✗ No permite generar escritos jurídicos.

- ✗ No analiza ni responde documentos externos.

- ✗ No responde a consultas de otras materias distintas a la del libro.

Esta herramienta está pensada para enriquecer la experiencia de lectura y consulta del libro. Su uso es exclusivo sobre su contenido.

¿QUIERES IR MÁS ALLÁ? DESCUBRE IBERLEY IA

Si necesitas una **solución avanzada de inteligencia legal,** con cobertura total de materias y documentos, entra en **www.iberley.es** y accede a todas las funcionalidades profesionales:

CUADRO SIMBÓLICO DE FUNCIONALIDADES		
Funcionalidad	**En los libros Colex**	**En Iberley.es**
Preguntar sobre el contenido del libro	✓	✓
Solicitar explicaciones jurídicas	✓	✓
ChatBot integrado al contenido del libro	✓	✓
Consultas sobre otras materias	✗	✓
Análisis de documentos externos	✗	✓
Generación de escritos jurídicos	✗	✓
Traducción jurídica	✗	✓
Informes y resúmenes legales automáticos	✗	✓
Contratos, guías prácticas y emails para clientes	✗	✓
Estrategias judiciales y jurisprudencia instantánea	✗	✓

LA SUSPENSIÓN DE LAS VISTAS

Guía práctica sobre la suspensión de las vistas
en los distintos órdenes jurisdiccionales

LA SUSPENSIÓN DE LAS VISTAS

Guía práctica sobre la suspensión de las vistas
en los distintos órdenes jurisdiccionales

2.ª EDICIÓN 2026

**Obra realizada por el Departamento de
Documentación de Iberley**

COLEX 2026

© Editorial Colex, S.L.
Calle Costa Rica, número 5, 3.º B (local comercial)
A Coruña, 15004, A Coruña (Galicia)
info@colex.es
www.colex.es

I.S.B.N.: 979-13-7011-536-4
Depósito legal: C 37-2026

SUMARIO

ANEXO I.
CASOS PRÁCTICOS

ANEXO II.
FORMULARIOS

1.
MEDIDAS PARA LA CONCILIACIÓN DE LA ABOGACÍA RECOGIDAS EN EL REAL DECRETO-LEY 5/2023, DE 28 DE JUNIO

¿Cuáles fueron las medidas para la conciliación de la abogacía recogidas en el Real Decreto-ley 5/2023, de 28 de junio?

A través del Real Decreto-ley 5/2023, de 28 de junio, por el que se adoptan y prorrogan determinadas medidas de respuesta a las consecuencias económicas y sociales de la Guerra de Ucrania, de apoyo a la reconstrucción de la isla de La Palma y a otras situaciones de vulnerabilidad; de transposición de Directivas de la Unión Europea en materia de modificaciones estructurales de sociedades mercantiles y conciliación de la vida familiar y la vida profesional de los progenitores y los cuidadores; y de ejecución y cumplimiento del Derecho de la Unión Europea (BOE 29/06/2023), se aprobaron distintas medidas para facilitar la conciliación de los profesionales de la abogacía, introduciendo en nuestro ordenamiento algunas de las reivindicaciones que durante años había planteado el colectivo.

Tal y como se recoge en el preámbulo del Real Decreto-ley 5/2023, de 28 de junio, se introducen una serie de medidas *«(...) que permitan una mayor conciliación de la vida personal y familiar con el desempeño profesional de las personas profesionales de la abogacía, la procura y los graduados y las graduadas ante los tribunales de justicia, así como la regulación de la baja por nacimiento y cuidado de menor como causa de suspensión del curso de los autos y no solo de las vistas u otros señalamientos. Además, comprende todas aquellas medidas que se consideran compatibles con el derecho a la tutela judicial efectiva de la ciudadanía y no ocasionadoras de indefensión, como la suspensión de vistas u otros actos procesales, de actos de comunicación y del curso del procedimiento cuando acontezcan determinadas circunstancias».*

> **A TENER EN CUENTA**. La entrada en vigor de estas modificaciones se produjo el 29 de julio de 2023.

|| ¿Cómo afectaron estas medidas al orden civil?

En el orden civil estas medidas de conciliación afectaron principalmente a dos ámbitos: la prórroga de los plazos y la suspensión de las vistas.

En primer lugar, con relación a la **prórroga de los plazos** se introdujo un nuevo apartado 3 al art. 134 de la LEC, en el que se regula la posibilidad de interrumpir los plazos durante 3 días hábiles cuando se comuniquen **causas objetivas de fuerza mayor que afecten a la persona profesional de la abogacía o de la procura,** especificando como tales:

- Nacimiento y cuidado del menor.
- Enfermedad grave y accidente con hospitalización.
- Fallecimiento de parientes hasta segundo grado de consanguinidad o afinidad.
- Baja laboral certificada por la seguridad social o sistema sanitario o de previsión social equivalente.

> **A TENER EN CUENTA**. En estos casos recogidos en el art. 134 de la LEC, los colegios de procuradores podrán suspender el reenvío del servicio de notificaciones durante un plazo máximo de tres días hábiles. Una vez alzada la suspensión, el colegio de procuradores restablecerá el servicio y reenviará al procurador/a las notificaciones diarias junto con las acumuladas, estas últimas de forma escalonada en igual proporción a los días de suspensión empleados.

Por su parte, el art. 179 de la LEC, dedicado al impulso procesal y suspensión del proceso por acuerdo de las partes o por otras circunstancias, también fue modificado, añadiendo nuevas causas de suspensión del proceso que podrán ser solicitadas por el profesional de la abogacía:

- Por el fallecimiento, accidente o enfermedad graves de su cónyuge, de persona a la que estuviese unido por análoga relación de afectividad o de un familiar dentro del primer grado de consanguinidad o afinidad. En estos casos la suspensión se produce por tres días hábiles a contar desde el día siguiente al hecho causante, que podrá ampliarse a 5 días si fuese necesario desplazarse a otra localidad. Cuando estas circunstancias afecten a familiares en segundo grado de afinidad o consanguinidad, también podrá suspenderse el proceso, pero los plazos son inferiores: dos días hábiles que se amplían a 4 cuando sea preciso desplazamiento a otra localidad.
- Por accidente o enfermedad del profesional de la abogacía interviniente. En estos casos la suspensión se mantendrá en tanto perdure la baja laboral, estableciéndose un plazo máximo de 30 días naturales, tras los cuales se alzará la suspensión.
- Por nacimiento y cuidado de menor. Podrá solicitarse la suspensión del procedimiento, y por tanto de todos los actos y plazos procesales en curso, para el período coincidente con el descanso laboral obligatorio establecido según la legislación laboral y de Seguridad Social.

En segundo lugar, con relación a la **suspensión de la vista** también se modificaron los arts. 183 y 188 de la LEC.

En el apdo. 1 del artículo 183 de la LEC de la mentada ley se añadió una enumeración de ejemplos de causas de fuerza mayor u otros motivos análogos: nacimiento y cuidado de menor, enfermedad grave y accidente con hospitalización, fallecimiento de cónyuge o de persona a la que estuviese unido en relación análoga al matrimonio, fallecimiento de parientes hasta segundo grado de consanguinidad o afinidad o baja laboral certificada por la Seguridad Social o sistema sanitario o de previsión social equivalente. Pasando el segundo apartado del citado art. 183 a recoger que cuando sea el abogado/a de una de las partes quien considerare imposible acudir a la vista o acto procesal de que se trate, si se considerase atendible y acreditada la situación que se alegue, el letrado de la Administración de Justicia hará nuevo señalamiento.

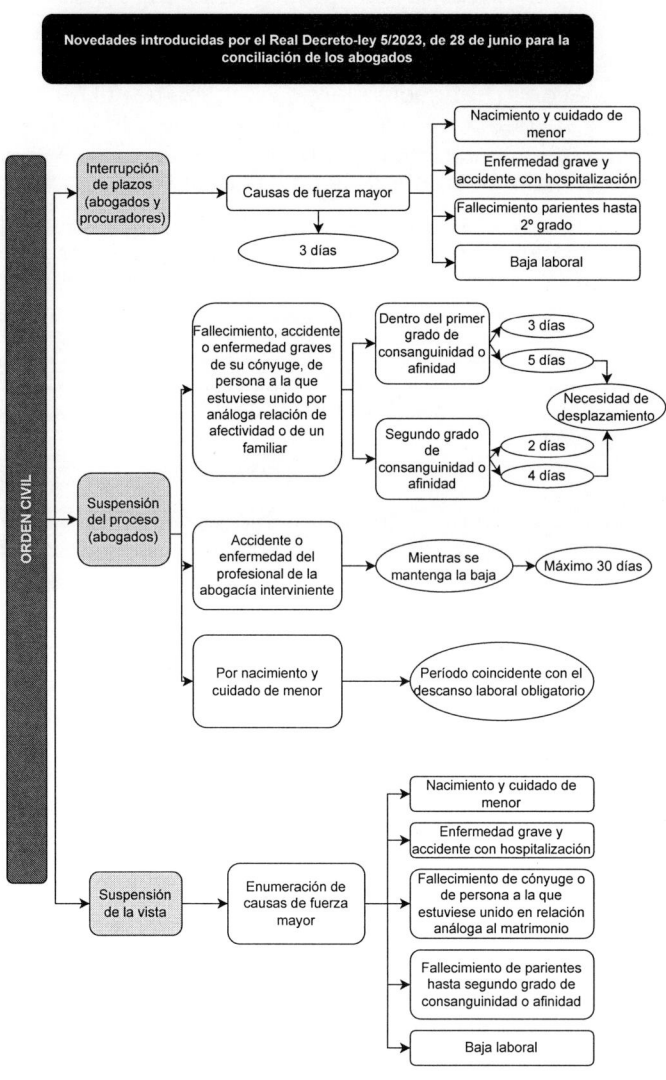

¿Se modificaron también las suspensiones de los juicios en el orden penal?

El Real Decreto-ley 5/2023, de 28 de junio, también modificó la Ley de Enjuiciamiento Criminal, en concreto el art. 746 en su apartado cuarto, que además de recoger como motivo de suspensión el hecho de que el defensor de cualquiera de las partes enfermare repentinamente hasta el punto de no poder continuar tomando parte en el juicio, ni ser reemplazado sin grave inconveniente para la defensa del interesado, se añadió que también procedería la suspensión, en el caso del defensor de cualquiera de las partes, en los supuestos de fallecimiento u hospitalización o intervención quirúrgica por causa grave, de un familiar hasta el segundo grado por consanguinidad o afinidad.

Se introdujo también una especialidad para aquellos casos en los que la persona profesional de la abogacía fuera designada por el turno de oficio, en cuyo caso solo se suspendería el procedimiento por el tiempo que demore el colegio profesional correspondiente en proveer la designación de nuevo profesional para evitar causar indefensión a la parte.

En el supuesto de que la suspensión se solicitara por haberse producido o iniciado el parto de manera repentina, o sin tiempo suficiente como para que otro abogado/a pudiera hacerse cargo del asunto y prepararlo, se suspendería el señalamiento por el tiempo mínimo imprescindible en atención a su complejidad.

Y en el ámbito laboral, ¿se introdujo alguna modificación en materia de conciliación?

En el ámbito de la jurisdicción social se modificó el art. 83 de la Ley 36/2011, de 10 de octubre, reguladora de la jurisdicción social, añadiendo un nuevo apartado cuarto, en el que se dispone que tanto los profesionales de la abogacía como los de la procura, y los graduados/as sociales podrán acogerse a las mismas causas de suspensión por circunstancias personales o familiares que se recogen para cada uno de dichos profesionales en la Ley de Enjuiciamiento Civil.

> **A TENER EN CUENTA**. El art. 83 de la Ley 36/2011, de 10 de octubre, ha sido objeto de una nueva modificación por la LO 1/2025, de 2 de enero, en vigor a partir del 03/04/2025.

2.
LAS ACTUACIONES JUDICIALES EN EL ORDEN CIVIL

Las actuaciones judiciales deben cumplir con una serie de requisitos que se recogen en la Ley de Enjuiciamiento Civil —arts. 129 a 177— y en la Ley Orgánica del Poder Judicial — arts. 229 a 278—. Así la LEC desarrolla los siguientes aspectos:

- Lugar de las actuaciones judiciales.
- Tiempo de las actuaciones judiciales.
- Inmediación, publicidad y lengua oficial.
- Fe pública judicial y documentación de las actuaciones.
- Actos de comunicación judicial.
- Auxilio judicial.

A lo largo de este punto nos centraremos en todo lo relativo al lugar y tiempo en que deben realizarse las actuaciones.

2.1. Lugar de las actuaciones judiciales

Lugar de las actuaciones judiciales

El art. 129 de la LEC establece que **las actuaciones judiciales se realizarán en la sede de la oficina judicial**, exceptuando aquellas que por su naturaleza se deban practicar en otro lugar. En caso de que sea necesario realizar actuaciones fuera del partido judicial donde radique la sede del tribunal que conozca del proceso se practicarán mediante videoconferencia siempre que sea posible y, en otro caso, mediante auxilio judicial.

No obstante, **los tribunales podrán constituirse en cualquier lugar del territorio de su circunscripción** para la práctica de las actuaciones cuando fuere necesario o conveniente para la buena administración de justicia. También puede **desplazarse fuera del territorio de su circunscripción para la práctica de prueba**.

Las actuaciones judiciales también se podrán realizar a través de videoconferencia, en los términos establecidos en el apartado tercero del artículo 229 de la LOPJ, el cual ha sido modificado por la LO 1/2025, de 2 de enero, con efectos a partir del 23 de enero de 2025. Es decir, estos sistemas, deben permitir la comunicación bidireccional y simultánea de la imagen y el sonido y la interacción visual, auditiva y verbal entre dos personas o grupos de personas geográficamente distantes, asegurando en todo caso la posibilidad de contradicción de las partes y la salvaguarda del derecho de defensa, de conformidad con lo que dispongan las leyes procesales y la ley que regule el uso de las tecnologías en la Administración de Justicia. En estos casos, la identidad de las personas que intervengan a través de la videoconferencia podrá acreditarse por los medios de identificación y firma electrónica que se determinen por la ley que regule el uso de las tecnologías en la Administración de Justicia, respetándose lo establecido en las leyes procesales.

Así, al respecto la **sentencia del Tribunal Superior de Justicia de Baleares n.º 189/2020, de 2 de junio, ECLI:ES:TSJBAL:2020:594**, señala: «*El Art. 129.º LEC ordena que "Las actuaciones judiciales se realizarán en la sede de la Oficina judicial, salvo aquellas que por su naturaleza se deban practicar en otro lugar", **siendo indiscutible que el acto de juicio y los medios de prueba que en el seno de este se practican, poseen naturaleza de actos judiciales**».

> **A TENER EN CUENTA**. El artículo 129 de la LEC fue modificado por el Real Decreto-ley 6/2023, de 19 de diciembre, con entrada en vigor el 20/03/2024.

|| Auxilio judicial

El auxilio judicial se regula en el art. 169 de la LEC y ss. Este se solicitará para las **actuaciones que hayan de efectuarse fuera de la circunscripción** del tribunal que esté conociendo del asunto, cuando el tribunal no considere posible o conveniente hacer uso de la facultad que le concede la LEC de desplazarse fuera de su circunscripción para practicarlas y no sea posible su práctica por videoconferencia. Así mismo, podrá solicitarse para las actuaciones que hayan de practicarse fuera del término municipal en que tenga su sede el tribunal que las haya ordenado, pero dentro del partido judicial o circunscripción correspondiente.

> **CUESTIÓN**
>
> **¿El interrogatorio de las partes, la declaración de los testigos y la ratificación de los peritos pueden realizarse mediante auxilio judicial?**
>
> Solo cuando a juicio del juez o de la jueza no sea conveniente realizarlas por videoconferencia y por razón de la distancia, dificultad del desplazamiento, circunstancias personales de la parte, del testigo o del perito, o por cualquier otra causa de análogas características resulte imposible o muy gravosa la comparecencia de las personas citadas en la sede del tribunal, se podrá solicitar el auxilio judicial para la práctica de los actos de prueba señalados en este artículo 169 de la LEC.

> **A TENER EN CUENTA**. El artículo 169 de la LEC fue modificado por el Real Decreto-ley 6/2023, de 19 de diciembre, con entrada en vigor el 20/03/2024.

La solicitud de auxilio judicial se llevará a cabo **mediante exhorto**, expedido y autorizado por el letrado de la Administración de Justicia, dirigido a la oficina judicial del tribunal de instancia que deba prestarlo. En el exhorto se contendrá conforme establece el art. 171 de la LEC:

«(...) 1.º La designación de los tribunales exhortante y exhortado.

2.º La indicación del asunto que motiva la expedición del exhorto.

3.º La designación de las personas que sean parte en el asunto, así como de sus representantes y defensores.

4.º La indicación de las actuaciones cuya práctica se interesa.

5.º Cuando las actuaciones interesadas hayan de practicarse dentro de un plazo, se indicará también la fecha en la que éste finaliza.

6.º Si para el cumplimiento del exhorto fuera preciso acompañar documentos, se hará expresa mención de todos ellos. (...)».

El auxilio judicial le corresponde **prestarlo a la oficina del tribunal de instancia** del lugar en cuya circunscripción deba practicarse. No obstante, lo anterior, si en dicho lugar tuviera su sede una **oficina de justicia, y el auxilio judicial consistiere en un acto de comunicación** o la intervención en un acto procesal a través de videoconferencia en los términos regulados en el artículo 137 bis de la LEC, a este le corresponderá practicar la actuación. (Art. 170 de la LEC).

Así, de acuerdo con el apdo. 1 letra b) del art. 439 *quater* de la LOPJ que ha sido añadido por la **LO 1/2025, de 2 de enero**, señala que en las oficinas de justicia en los municipios se prestarán los siguientes servicios:

«b) La práctica de los actos de comunicación procesal con quienes residan en el municipio o municipios para los que presten sus servicios, siempre que los mismos no se hayan podido practicar por medios electrónicos».

A TENER EN CUENTA. La disposición transitoria sexta de la LO 1/2025, de 2 de enero, regula la implantación de las Oficinas de Justicia en los municipios. Así, los juzgados de paz se transformarán en oficinas de justicia en la fecha de constitución prevista para cada tribunal de instancia, es decir, el 31/12/2025 (D.T.1.ª).

El art. 172 de la LEC regula la **forma en la que debe remitirse el exhorto** al órgano exhortado señalando:

«1. Los exhortos se remitirán directamente al órgano exhortado por medio del sistema informático judicial o cualquier otro medio telemático o electrónico, salvo los supuestos en los que deba realizarse en soporte papel por ir el acto acompañado de elementos que no sean susceptibles de conversión en formato electrónico.

En todo caso, el sistema utilizado deberá garantizar la constancia de la remisión y recepción del exhorto.

2. Sin perjuicio de lo anterior, si la parte a la que interese el cumplimiento del exhorto así lo solicita, se le entregará éste bajo su responsabilidad, para que lo presente en el órgano exhortado dentro de los cinco días si-

guientes. En este caso, el exhorto expresará la persona que queda encargada de su gestión, que sólo podrá ser el propio litigante o procurador que se designe.

3. Las demás partes podrán también designar procurador cuando deseen que las resoluciones que se dicten para el cumplimiento del exhorto les sean notificadas. Lo mismo podrá hacer la parte interesada en el cumplimiento del exhorto, cuando no haya solicitado que se le entregue éste a los efectos previstos en el apartado anterior. Tales designaciones se harán constar en la documentación del exhorto.

4. Cuando el exhorto haya sido remitido a un órgano diferente al que deba prestar el auxilio, el que lo reciba lo enviará directamente al que corresponda, si es que le consta cuál sea éste, dando cuenta de su remisión al exhortante».

El responsable de la oficina judicial que reciba el exhorto dispondrá su cumplimiento y lo necesario para que se practiquen las actuaciones que en él se interesen dentro del plazo señalado. En caso de que no se dé cumplimiento el/la letrado/a de la Administración de Justicia del órgano exhortante recordará la urgencia del cumplimiento al exhortado. En caso de que la situación persista, el órgano para el que se haya solicitado el auxilio pondrá los hechos en conocimiento de la sala de gobierno correspondiente al tribunal exhortado.

Cuando se cumpla el exhorto se le comunicará al órgano exhortante.

A TENER EN CUENTA. Las partes y sus abogados y procuradores podrán intervenir en las actuaciones que se practiquen para el cumplimiento del exhorto. No obstante, las resoluciones que se dicten para el cumplimiento del exhorto sólo se notificarán a las partes que hubiesen designado procurador para intervenir en su tramitación. Si no se hubiera designado procurador, no se harán a las partes otras notificaciones que las que exija el cumplimiento del exhorto.

|| Práctica de la prueba fuera del territorio de la circunscripción

Conforme señala el art. 129.3 *in fine* de la LEC los **tribunales podrán desplazarse fuera del territorio de su circunscripción para la práctica de actuaciones de prueba**. Con relación a esta posibilidad deriva a la propia regulación de la LEC y al art. 275 de la LOPJ el cual señala:

> «No obstante, podrán los Jueces realizar cualesquiera diligencias de instrucción penal en lugar no comprendido en el territorio de su jurisdicción, cuando el mismo se hallare próximo y ello resultare conveniente, dando inmediata noticia al Juez competente. Los Jueces y Tribunales de otros órdenes jurisdiccionales podrán también practicar diligencias de instrucción o prueba fuera del territorio de su jurisdicción cuando no se perjudique la competencia del Juez correspondiente y venga justificado por razones de economía procesal».

2.2. Plazos y términos

Tiempo de las actuaciones judiciales

Para establecer el tiempo de las actuaciones judiciales es fundamental partir de la fijación de cuáles son los días y horas hábiles. Para ello debemos atender a lo establecido en los arts. 130 y 131 de la LEC.

En cuanto a los **días inhábiles** debemos señalar que el apartado 2 del art. 130 de la LEC fija como tales:

- Sábados y domingos.
- Los días que median entre el 24 de diciembre y el 6 de enero del año siguiente, ambos inclusive.
- Días de fiesta nacional y festivos a efecto laborales en la respectiva comunidad autónoma o localidad.
- Los días del mes de agosto.

Por otro lado, **se consideran hábiles las horas que median entre las ocho de la mañana a las ocho de la tarde**, salvo que la ley, para una actuación concreta, disponga otra cosa. Para los **actos de comunicación y ejecución** también se considerarán **horas hábiles las que transcurren desde las ocho hasta las diez de la noche**.

> **A TENER EN CUENTA**. En cuanto a los días y horas hábiles debe entenderse sin perjuicio de lo que pueda establecerse para las actuaciones electrónicas.

El art. 131 de la LEC señala la posibilidad que de oficio o a instancia de parte, los **tribunales puedan habilitar los días y horas inhábiles**, cuando hubiera causa urgente que lo exija. esta habilitación se realizará por los/las letrados/as de la Administración de Justicia cuando tuvieran por objeto la realización de actuaciones procesales que deban practicarse en materias de su exclusiva competencia, cuando se tratara de actuaciones por ellos ordenadas o cuando fueran tendentes a dar cumplimiento a las resoluciones dictadas por los tribunales.

Frente a las **resoluciones de habilitación de días y horas inhábiles no se admitirá recurso alguno**.

No será necesaria la habilitación expresa para las actuaciones urgentes, para las cuales señala la ley que serán hábiles los días del mes de agosto, sin necesidad expresa de habilitación. Tampoco será necesaria la habilitación para proseguir en horas inhábiles, durante el tiempo indispensable, las actuaciones urgentes que se hubieran iniciado en horas hábiles.

CUESTIÓN

¿Qué actuaciones se consideran urgentes?

Se considerarán urgentes las actuaciones del tribunal cuya demora pueda causar grave perjuicio a los interesados o a la buena administración de justicia, o provocar la ineficacia de una resolución judicial (art. 131.2 de la LEC).

Una vez señalados los días y horas hábiles para realizar las actuaciones, debemos centrarnos en el hecho de que **toda actuación del proceso se practicará en los términos o dentro de los plazos señalados** para cada una de ellas. Cuando no se fije plazo ni término, se entenderá que el mismo debe practicarse sin dilación.

El incumplimiento de los plazos y términos por los tribunales y personal al servicio de la Administración de Justicia de no mediar justa causa será corregido disciplinariamente con arreglo a lo previsto en la LOPJ, sin perjuicio del derecho de la parte perjudicada para exigir las demás responsabilidades que procedan.

El art. 133 de la LEC establece una serie de **reglas para el cómputo de los plazos procesales**, por lo que debemos tener en cuenta:

- Los **plazos comenzarán a correr desde el día siguiente a aquel en que se hubiere efectuado el acto de comunicación** del que la ley haga depender el inicio del plazo, y se contará en ellos el día del vencimiento, que expirará a las veinticuatro horas. No obstante, cuando la ley señale un plazo que comience a correr desde la finalización de otro, aquel se computará, sin necesidad de nueva notificación, desde el día siguiente al del vencimiento de este.

- En el cómputo de los plazos señalados por días **se excluirán los inhábiles**

- Los **plazos señalados por meses o por años se computarán de fecha a fecha**. Cuando en el mes del vencimiento no hubiera día equivalente al inicial del cómputo, se entenderá que el plazo expira el último del mes.

- Los plazos que concluyan en sábado, domingo u otro día inhábil se entenderán **prorrogados hasta el siguiente hábil.**

> **A TENER EN CUENTA.** Para los plazos que se hubiesen señalado en las actuaciones urgentes no se considerarán inhábiles los días del mes de agosto y solo se excluirán del cómputo los sábados, domingos y festivos.

Una de las **características fundamentales de los plazos es su improrrogabilidad**, así lo establece el art. 134 de la LEC. Este mismo precepto regula la posibilidad de interrumpir los plazos y demorar los términos en caso de fuerza mayor que impida cumplirlos, reanudándose su cómputo en el momento en que hubiera cesado la causa determinante de la interrupción o demora. La concurrencia de fuerza mayor habrá de ser apreciada por el letrado de la Administración de Justicia mediante decreto, de oficio o a instancia de la parte que la sufrió, con audiencia de las demás. contra este decreto podrá interponer recurso de revisión que producirá efectos suspensivos.

Por la reforma operada por el Real Decreto-ley 5/2023, de 28 de junio, se ha añadido un apartado 3 al art. 134 de la LEC en el que establece:

> «También podrán interrumpirse los plazos y demorarse los términos durante un plazo de tres días hábiles cuando por los Colegios de Abogados o Procuradores o por las partes personadas se comuniquen causas obje-

tivas de fuerza mayor que afecten a la persona profesional de la abogacía o de la procura, tales como nacimiento y cuidado de menor, enfermedad grave y accidente con hospitalización, fallecimiento de parientes hasta segundo grado de consanguinidad o afinidad o baja laboral certificada por la seguridad social o sistema sanitario o de previsión social equivalente».

Cuando las oficinas judiciales y los sujetos intervinientes en un proceso están **obligados al empleo de los sistemas telemáticos o electrónicos** existentes en la Administración de Justicia, **remitirán y recibirán todos los escritos y demás documentos a través de estos sistemas**, salvo las excepciones establecidas en la ley, de forma tal que esté **garantizada la autenticidad de la comunicación y quede constancia fehaciente de la remisión y la recepción íntegras**, así como de la fecha en que éstas se hicieren. Esto será también de aplicación a aquellos intervinientes que, sin estar obligados, opten por el uso de los sistemas telemáticos o electrónicos.

Presentados los escritos y documentos por medios telemáticos, **se emitirá automáticamente recibo** por el mismo medio, con expresión del número de entrada de registro y de la fecha y la hora de presentación, en la que se tendrán por presentados a todos los efectos.

A TENER EN CUENTA. En caso de que la presentación tenga lugar en día y hora inhábil a efectos procesales conforme a la ley, se entenderá efectuada el primer día y hora hábil siguiente (art. 135.1 de la LEC).

A efectos de prueba y del cumplimiento de requisitos legales que exijan disponer de los documentos originales o de copias fehacientes, se estará a lo previsto en el art. 162 de la LEC que se refiere a los actos de comunicación por medios electrónicos, informáticos y similares.

CUESTIONES

1. ¿Qué ocurre si se produce una interrupción no planificada del servicio de comunicaciones telemáticas o electrónicas?

Cuando la presentación de escritos perentorios no sea posible en plazo por una interrupción no planificada del servicio de comunicaciones, siempre que sea posible se dispondrán las medidas para que el usuario resulte informado de esta circunstancia, así como de los efectos de la suspensión, con indicación expresa, en su caso, de la prórroga de los plazos de inminente vencimiento. El remitente podrá proceder a su presentación en la oficina judicial el primer día hábil siguiente acompañando el justificante de dicha interrupción.

2. ¿Y en caso de que la interrupción sea planificada?

En este supuesto deberá anunciarse con la antelación suficiente, informando de los medios alternativos de presentación que en tal caso procedan.

Cuando la presentación de escritos perentorios dentro de plazo se vea impedida por limitaciones, incluso horarias, en el uso de soluciones tecnológicas de la Administración de Justicia, establecidas de conformidad con la normativa que regule el uso de la tecnología en la Administración de Justicia, como regla, el remitente podrá proceder a su presentación el primer día hábil siguiente, justificándolo suficientemente ante la oficina judicial. En el caso de que la imposibilidad de la presentación se deba a la naturaleza del documento a presentar o al tamaño del archivo, el remitente deberá proceder, en este caso, a la presentación del escrito por medios electrónicos y presentar en la oficina judicial dentro del primer día hábil siguiente el documento o documentos que no haya podido adjuntar.

Si el servicio de comunicaciones telemáticas o electrónicas **resultase insuficiente para la presentación** de los escritos o documentos, se deberá presentar en soporte electrónico en la oficina judicial ese día o el día siguiente hábil, junto con el justificante expedido por el servidor de haber intentado la presentación sin éxito. En estos casos, se entregará recibo de su recepción.

Sin perjuicio de lo anterior, los escritos y documentos **se presentarán en soporte papel** cuando los interesados no estén obligados a utilizar los medios telemáticos y no hubieran optado por ello, cuando no sean susceptibles de conversión en formato electrónico y en los demás supuestos previstos en las leyes. Estos documentos, así como los instrumentos o efectos que se acompañen quedarán depositados y custodiados en el archivo, de gestión o definitivo, de la oficina judicial, a disposición de las partes, asignándoles un número de orden y dejando constancia en el expediente judicial electrónico de su existencia.

En caso de presentación de escritos y documentos en soporte papel, el funcionario designado para ello estampará en los escritos de iniciación del procedimiento y de cualesquiera otros cuya presentación esté sujeta a plazo perentorio el correspondiente sello en el que hará constar la oficina judicial ante la que se presenta y el día y hora de la presentación.

La **presentación** de escritos y documentos, cualquiera que fuera la forma, si estuviere sujeta a plazo, procesal o sustantivo, **podrá efectuarse hasta las quince horas del día hábil siguiente al del vencimiento del plazo**, este es el denominado **«día de gracia»**. Respecto a esta concesión el Tribunal Supremo ha establecido en su **sentencia n.º 743/2010, de 30 de noviembre, ECLI:ES:TS:2010:7210:**

«A) El artículo 135.1 LEC, bajo la rúbrica «presentación de escritos, a efectos del requisito de tiempo de los actos procesales», dispone que «[c]uando la presentación de un escrito esté sujeta a plazo, podrá efectuarse hasta las quince horas del día hábil siguiente al del vencimiento del plazo, en la secretaría del tribunal o, de existir, en la oficina o servicio de registro central que se haya establecido».

El precepto ha permitido dar solución a los problemas que suscitaba la presentación de escritos sujetos a término antes de la finalización del último día señalado para ello, en consonancia con lo establecido en el artículo 133.1 LEC , en el que se establece que en el cómputo del plazo se contará el día del vencimiento que expirará a las veinticuatro horas, coordinando la organización de las oficinas de recepción de escritos el derecho de las partes a disponer de la totalidad del plazo procesal.

La justificación de esta norma está en el respeto al derecho de los interesados a no perder parte del plazo legalmente establecido para realizar un determinado acto procesal (STS de 24 de abril de 2009, RC n.º 511/2004), en consecuencia la presentación de un escrito efectuada antes de las quince horas del día hábil siguiente al del vencimiento del plazo produce los mismos efectos que si se hubiera presentado el última día del plazo y la resolución que dicte el órgano judicial sobre lo interesado en el escrito o sobre el acto procesal a que se refiera ha de ser la misma que se dictaría si el escrito hubiera sido presentado el último día del vencimiento del plazo, pues el artículo 135.1 LEC no puede tener condicionada su operatividad por la solicitud que se contenga en el escrito».

A TENER EN CUENTA. La sentencia extractada se basa en la regulación anterior a la reforma llevada a cabo por la Ley 42/2015, de 5 de octubre. A partir del 7 de octubre de 2015, fecha de entrada en vigor de la referida ley, la previsión del día de gracia se regula en el apartado 5 del art. 135 de la LEC.

CUESTIÓN

¿En el ámbito civil es posible presentar escritos ante el juzgado/sección del tribunal de instancia que preste el servicio de guardia?

No, así lo establece el art. 135.5 de la LEC en el último párrafo que señala «En las actuaciones ante los tribunales civiles, no se admitirá la presentación de escritos en el juzgado que preste el servicio de guardia».

A TENER EN CUENTA. En virtud de la reforma realizada por la LO 1/2025, de 2 de enero, una vez implantados de forma efectiva los tribunales de instancia (D.T. 1.ª), todas las referencias realizadas a los juzgados unipersonales se entenderán realizadas a las secciones del orden jurisdiccional correspondiente de los tribunales de instancia.

Una vez que haya transcurrido el plazo para realizar el acto de que se trate se perderá la oportunidad de llevarlo a cabo. Así lo señala el art. 136 de la LEC que fija la **preclusión de los actos.** En este caso el letrado de la Administración de Justicia dejará constancia del transcurso del plazo por medio de diligencia y acordará lo que proceda o dará cuenta al tribunal a fin de que dicte la resolución que corresponda.

2.3. Los actos de comunicación judicial

Actos de comunicación judicial

El Diccionario panhispánico del español jurídico define el acto de comunicación como el *«acto realizado por el juzgado o tribunal cuya finalidad es poner en conocimiento de las partes o terceros una resolución o una actuación del proceso; mediante ellos se requiere la realización de una determinada conducta al destinatario».*

A TENER EN CUENTA. Por la reforma realizada por la LO 1/2025, de 2 de enero, una vez implantados de forma efectiva los tribunales de instancia (D.T. 1.ª), todas las referencias realizadas a los juzgados unipersonales se entenderán realizadas a las secciones del orden jurisdiccional correspondiente de los tribunales de instancia.

La regulación de los actos de comunicación se encuentra en el **capítulo V del título V del libro I de la LEC** que comienza señalando en el art. 149 de la LEC las clases de actos de comunicación, pudiendo diferenciar:

- **Notificaciones**: cuando tengan por objeto **dar noticia de una resolución o actuación.**
- **Emplazamientos**: para **personarse y para actuar dentro de un plazo.**
- **Citaciones**: cuando **determinen lugar, fecha y hora para comparecer y actuar**.
- **Requerimientos**: para **ordenar, conforme a la ley, una conducta o inactividad.**
- **Mandamientos**: para **ordenar el libramiento de certificaciones o testimonios** y la práctica de cualquier actuación cuya ejecución corresponda a los registradores de la propiedad, mercantiles, de buques, de ventas a plazos de bienes muebles, notarios, o funcionarios al servicio de la Administración de Justicia.
- **Oficios**: para las **comunicaciones con autoridades no judiciales y funcionarios** distintos de los mencionados en el punto anterior.

El art. 150 de la LEC establece que **las resoluciones procesales se notificarán a todos los que sean parte en el proceso**. Así mismo, por disposición del tribunal, también se notificará la pendencia del proceso a las personas que, según los mimos autos, puedan verse afectadas por la resolución que ponga fin al procedimiento y cuando el tribunal advierta indicios de que las partes están utilizando el proceso con fines fraudulentos. Se hará notificación a terceros cuando la ley así lo prevea.

A TENER EN CUENTA. El apartado 4 del artículo 150 de la LEC recoge que cuando la notificación de la resolución contenga fijación de fecha para el lanzamiento de quienes ocupan una vivienda, se dará traslado a las Administraciones públicas competentes en materia de vivienda, asistencia social, evaluación e información de situaciones de necesidad social y atención inmediata a personas en situación o riesgo de exclusión social, por si procediera su actuación.

‖ Tiempo de la comunicación

Comienza el art. 151 de la LEC diciendo que **el plazo máximo para notificar las resoluciones** dictadas por los tribunales o letrados/as de la Administración de Justicia es de **tres días desde su fecha o publicación.**

Los actos de comunicación al Ministerio Fiscal, a la Abogacía del Estado, a los letrados o letradas de las Cortes Generales y de las asambleas legislativas de las comunidades autónomas, del servicio jurídico de la Administración de la Seguridad Social o de las demás Administraciones públicas de las comunidades autónomas o de los entes locales, así como los que se practiquen a través de los servicios de notificaciones organizados por los colegios de procuradores se tendrán por realizados al día siguiente hábil a la fecha de recepción que conste en la diligencia o resguardo acreditativo de su efectiva recepción cuando el acto de comunicación se haya efectuado por medios electrónicos, informáticos y similares conforme al art. 162 de la LEC.

> **A TENER EN CUENTA**. Cuando el acto de comunicación fuera remitido con posterioridad a las 15:00 horas, se tendrá por recibido al día siguiente hábil.

CUESTIONES

1. ¿Puede el colegio de procuradores suspender el reenvío del servicio de notificaciones?

Sí, en caso de que una persona profesional de procura acredite una causa de fuerza mayor de las referidas en el art. 134 de la LEC, se podrá suspender el reenvío del servicio de notificaciones durante un plazo máximo de tres días hábiles.

2. ¿Cómo se procede una vez alzada la suspensión?

El colegio de procuradores restablecerá el servicio y reenviará al procurador o procuradora las notificaciones diarias junto con las acumuladas, estas últimas de forma escalonada en igual proporción a los días de suspensión empleados.

Cuando la entrega de algún documento o despacho que deba acompañarse al acto de comunicación tenga lugar en fecha posterior a la recepción del acto de comunicación, este se tendrá por realizado cuando conste efectuada la entrega del documento, siempre que los efectos derivados de la comunicación estén vinculados al documento.

2.3.1. Forma de los actos de comunicación judicial y sus medios

Forma de los actos de comunicación judicial

Los actos de comunicación se realizarán bajo la dirección del/de la letrado/a de la Administración de justicia, que será el/la responsable de la adecuada organización del servicio, mientras que se ejecutarán por los funcionarios del cuerpo de auxilio judicial y el/la procurador/a de la parte que así lo solicite.

> **A TENER EN CUENTA**. En las poblaciones donde esté establecido, el Servicio Común Procesal de Actos de Comunicación practicará los actos de comunicación que hayan de realizarse por la Oficina judicial, salvo cuando corresponda realizarlos al procurador en los supuestos y con los límites previstos por la ley. Art. 163 de la LEC, modificado por la LO 1/2025, de 2 de enero, con entrada en vigor el 03/04/2025.

Los actos de comunicación se practicarán por **medios electrónicos** (apartado 2 del art. 152 de la LEC):

a) Cuando los sujetos intervinientes en un proceso estén obligados al empleo de los sistemas electrónicos existentes en la Administración de Justicia conforme al artículo 273 de la LEC.

> **A TENER EN CUENTA**. El apartado 4 del artículo 273 de la LEC ha sido modificado por la LO 1/2025, de 2 de enero, en vigor desde el 03/04/2025.

b) Cuando, no estando comprendidos en el supuesto anterior, los intervinientes se hayan obligado contractualmente a hacer uso de los medios electrónicos existentes en la Administración de Justicia para resolver los litigios que se deriven de esa relación jurídica concreta que les vincula, debiendo indicar los medios de los que pretenden valerse. En los contratos de adhesión en los que intervengan consumidores y usuarios, el acto de comunicación se practicará conforme a lo dispuesto para aquellos supuestos en los que los intervinientes no estén obligados a relacionarse electrónicamente con la Administración de Justicia, siendo esta última forma la que tendrá validez a efectos de cómputo de plazos.

c) Cuando los intervinientes, sin estar obligados, opten por el uso de los medios electrónicos.

En estos casos, la notificación se realizará de conformidad con las disposiciones contenidas en la normativa reguladora del uso de las tecnologías de la información y la comunicación en la Administración de Justicia.

Los actos de comunicación que deban practicarse por medios electrónicos, cuando vayan acompañados de elementos que no sean susceptibles de conversión en formato electrónico deberán practicarse por este medio, pero indicando la forma por la que se va a hacer entrega de dichos elementos. Si este acto de comunicación diese lugar a la apertura de un plazo procesal, este comenzará a computar desde el momento en que consten recibidos por el destinatario todos los elementos que componen el acto.

El destinatario deberá identificar un dispositivo electrónico, servicio de mensajería simple o una dirección de correo electrónico que servirán para informarle de la puesta a su disposición de un acto de comunicación, pero no para la práctica de notificaciones. En tal caso, con independencia de la forma en que se realice el acto de comunicación, la oficina judicial enviará el referido aviso. La falta de práctica de este aviso no impedirá que la notificación correctamente efectuada sea considerada plenamente válida.

> **CUESTIÓN**
>
> **¿Qué sujetos están obligados al empleo de los sistemas telemáticos o electrónicos?**
>
> El art. 273 de la LEC determina la obligatoriedad para:
>
> - Profesionales de la justicia.
> - Las personas jurídicas.
> - Las entidades sin personalidad jurídica.
> - Quienes ejerzan una actividad profesional para la que se requiera colegiación obligatoria para los trámites y actuaciones que realicen con la Administración de Justicia en ejercicio de dicha actividad profesional.
> - Los notarios y registradores.
> - Quienes represente a un interesado que esté obligado a relacionarse electrónicamente con la Administración de Justicia.
> - Los funcionarios de las Administraciones públicas para los trámites y actuaciones que realicen por razón de su cargo.

¿Cómo se realizarán los actos de comunicación? Atendiendo a lo dispuesto en la ley, de alguna de las siguientes formas:

- Si estamos ante personas que se encuentran personadas en el proceso y representadas por procurador/a, se hará a través de este/a.
- Remisión mediante correo, telegrama, correo electrónico o cualquier otro medio electrónico que permita dejar en los autos constancia fehaciente de la recepción, de su fecha y hora y del contenido de lo comunicado.
- Entrega al destinatario de copia literal de la resolución que se le haya de notificar, del requerimiento que el tribunal o el/la letrado/a de la Administración de Justicia le dirija, o de la cédula de citación o emplazamiento.
- Cuando deba notificarse al Ministerio Fiscal, la Abogacía del Estado, los letrados de las Cortes Generales y de las demás asambleas legislativas, o del Servicio Jurídico de la Administración de la Seguridad Social, de las demás Administraciones públicas de las comunidades autónomas o de los entes locales, la comunicación se realizará por el personal al servicio de la Administración de Justicia por medios telemáticos, en caso de que no se hubiera designado procurador/a.

> **CUESTIÓN**
>
> **¿Qué contenido debe tener la cédula de citación o emplazamiento?**
>
> Conforme establece el art. 152.4 de la LEC «En la cédula se hará constar claramente el carácter judicial del escrito, y expresará el tribunal o letrado de la Administración de Justicia que hubiese dictado la resolución y el asunto en que haya recaído, el nombre y apellidos de la persona a quien se haga la citación o emplazamiento, y del procurador encargado de cumplimentarlo, en su caso, el objeto de éstos y el lugar, día y hora en que deba comparecer el citado, o el plazo dentro del cual deba realizarse la actuación a que se refiera el emplazamiento, con la prevención de los efectos que, en cada caso, la ley establezca».

En las notificaciones, citaciones y emplazamientos no se admitirá ni consignará respuesta alguna del interesado, a no ser que así se hubiera mandado. En los requerimientos se admitirá la respuesta que dé el requerido, consignándola sucintamente en la diligencia.

Si se practicase un mismo acto de comunicación dos o más veces, tendrá eficacia a efectos procesales la primera fecha en que se hubiese verificado, con independencia del medio que se hubiere empleado, a salvo los casos en los que las leyes procesales prevean expresamente la posibilidad de que una resolución se comunique más de una vez, en cuyo caso tendrá los efectos que dichas leyes determinen.

> **RESOLUCIÓN RELEVANTE**
>
> **SAP de Sevilla n.º 197/2025, de 10 de abril, ECLI:ES:APSE:2025:1350**
>
> *«Sobre la comunicación con las partes el legislador tiene en cuenta las dos posibles situaciones en las que se puede encontrar la persona a notificar. Si está personada, el artículo 153 de la Ley de Enjuiciamiento Civil es meridianamente claro e*

inequívoco, en el sentido de que siempre se hará a través del Procurador, que no debemos olvidar es el representante de la persona en el proceso concreto. Y esta vía no es excepcional o extraordinaria, sino que la citada norma dispone que se realice a través de dicho profesional toda suerte de notificaciones, emplazamientos, citaciones y requerimientos. La segunda vía es la comunicación personal, es decir, directamente con el interesado, pero exclusivamente para cuando no esté personado en los autos, aunque lo extiende a aquellos supuestos de que se trate del primer emplazamiento o citación».

|| Comunicación por medio de procurador/a

Para que los actos de comunicación se lleven a cabo por medio de procurador/a es necesario que así se solicite en el escrito que dé inicio a un procedimiento judicial, de ejecución, o a otra instancia; en el caso de los demandados, ejecutados o recurridos deben solicitarlo expresamente en su escrito de personación. Los solicitantes podrán, de forma motivada y concurriendo justa causa, pedir la modificación del régimen inicial, procediendo el/la letrado/a de la Administración de Justicia, si lo considera justificado, a realizar los sucesivos actos de comunicación conforme a la nueva petición.

Respecto a la comunicación por medio de procurador/a el art. 153 de la LEC señala que *«La comunicación con las partes personadas en el juicio se hará a través de su procurador cuando éste las represente. El procurador firmará las notificaciones, emplazamientos, citaciones y requerimientos de todas clases que deban hacerse a su poderdante en el curso del pleito, incluso las de sentencias y las que tengan por objeto alguna actuación que deba realizar personalmente el poderdante».*

Los actos de comunicación con los procuradores se realizarán en la sede del tribunal o en el servicio común de recepción organizado por el colegio de procuradores, cuyo régimen interno será competencia del colegio de procuradores, de conformidad con la ley.

La remisión y recepción de los actos de comunicación con los procuradores en el servicio común de recepción se realizará por medios telemáticos o electrónicos y con el resguardo acreditativo de su recepción, salvo que la ley disponga otra cosa. En caso de que hubiera de realizarse el acto en soporte papel, se remitirá al servicio, por duplicado, la copia de la resolución o la cédula, de las que el procurador recibirá un ejemplar y firmará otro, que será devuelto a la oficina judicial por el propio servicio.

|| Comunicación con las partes aún no personadas o no || representadas por procurador/a

El art. 155 de la LEC diferencia lo siguiente:

1. Cuando partes que **no actúen representadas por procurador o procuradora vengan obligadas legal o contractualmente a relacionarse electrónicamente** con la Administración de Justicia, el acto de comunicación se realizará por medios electrónicos de conformidad con el artículo 162 de la LEC.

No obstante, si el acto de comunicación tuviese por objeto el primer emplazamiento o citación, o la realización o intervención personal de las partes en determinadas actuaciones procesales y transcurrieran tres días sin que el destinatario acceda a su contenido, se procederá a su comunicación domiciliaria mediante entrega al destinatario en los términos del artículo 161 de la LEC. **¿Qué pasa si esta segunda comunicación resulta infructuosa?** En ese caso se procederá a su publicación en el Tablón Edictal Judicial Único conforme a lo dispuesto en el artículo 164 de la LEC.

> **A TENER EN CUENTA**. El apartado 1 del artículo 155 de la LEC ha sido modificado por la LO 1/2025, de 2 de enero, en vigor desde el 3 de abril de 2025.

2. Cuando la parte **no representada por procurador/a no venga obligada legal o contractualmente a relacionarse electrónicamente con la Administración de Justicia**:

a) Si se trata del primer emplazamiento o citación a la parte demandada, se podrá practicar por remisión a su domicilio, o en forma telemática en los términos previstos en el artículo 162 de la LEC.

El acto de comunicación practicado por medios electrónicos producirá plenos efectos procesales sólo en el caso de que fuese aceptado voluntariamente por su destinatario. Si puesto a disposición del destinatario en la sede judicial electrónica, no constara la recepción por el destinatario en plazo de tres días, se practicará por remisión al domicilio.

En todo caso, si constara una dirección de correo electrónico o servicio de mensajería de contacto del destinatario, se dará aviso informativo de la puesta a su disposición de la resolución tanto en el órgano judicial como en la sede judicial electrónica.

b) Si el acto de comunicación, no siendo primer emplazamiento o citación, tuviese por objeto la realización o intervención personal de las partes en determinadas actuaciones procesales, se practicará en los términos del literal a), excepto que el interviniente no obligado a ello haya optado previamente por el uso de medios electrónicos, en cuyo caso se estará a lo establecido en el literal c) para estos supuestos.

c) En el caso de actos de comunicación distintos de los previstos en las letras anteriores, las comunicaciones efectuadas surtirán plenos efectos en cuanto se acredite la correcta remisión de lo que haya de comunicarse a cualquiera de los lugares que se hayan designado como domicilio aunque no conste su recepción por el destinatario, o cuando el destinatario, sin estar obligado, haya optado por el uso de medios electrónicos y la comunicación se haya remitido en los términos previstos en el artículo 162 de la LEC, habiendo transcurrido tres días sin que el destinatario acceda a su contenido.

> **A TENER EN CUENTA**. En la cédula de emplazamiento o citación se hará constar el derecho a solicitar asistencia jurídica gratuita y el plazo para solicitarla.

Respecto a la comunicación que deba realizarse a los litigantes es esencial la **determinación del domicilio**, respecto a lo cual el art. 155 de la LEC recoge una serie de directrices:

- El domicilio del demandante será el que haya hecho constar en la demanda o en la petición o solicitud con que se inicie el proceso.
- El demandante designará como domicilio del demandado, uno o varios de los lugares siguientes:
  » El que aparezca en el padrón municipal o el que conste oficialmente a otros efectos.
  » El que aparezca en Registro oficial o en publicaciones de colegios profesionales, cuando se tratare, respectivamente, de empresas y otras entidades o de personas que ejerzan profesión para la que deban colegiarse obligatoriamente.
  » El lugar en que se desarrolle actividad profesional o laboral no ocasional.
  » En caso de ejercicio de la acción del art. 250.1.1º de la LEC, si en el contrato de arrendamiento no se ha especificado otra cosa, el domicilio para los actos de comunicación será, a todos los efectos, la vivienda o local arrendado.
- Si la demanda se dirige frente a una persona jurídica, podrá señalarse el domicilio de cualquiera que aparezca como administrador, gerente o apoderado de la empresa mercantil, o presidente, miembro o gestor de la junta de cualquier asociación que apareciese en un registro oficial.

Si el demandante designare varios lugares como domicilios, indicará el orden por el que, a su entender, puede efectuarse con éxito la comunicación.

Asimismo, el demandante deberá indicar, además de los requisitos establecidos en el artículo 399 de la LEC, cuantos datos conozca del demandado y que puedan ser de utilidad para la localización de este, como número de identificación fiscal o de extranjeros, números de teléfono, de fax, dirección de correo electrónico o similares, que se utilizarán con sujeción a lo dispuesto en la Ley que regule el uso de la tecnología en la Administración de Justicia. La persona demandada, una vez comparecido, podrá designar, para sucesivas comunicaciones, un domicilio distinto, o uno de los medios de comunicación electrónica de los previstos en el artículo 162 de la LEC.

CUESTIÓN

¿Qué datos deben constar en la demanda a efectos de localizar a la parte demandante?

El contenido de la demanda respecto de la identificación y localización de las partes se contempla en el apartado 1 del artículo 399 de la LEC, el cual, tras la modificación operada por la LO 1/2025, de 2 de enero, en vigor desde el 03/04/2025, reza en los términos siguientes:

«El juicio principiará por demanda, en la que, consignados de conformidad con lo que se establece en el artículo 155 los datos y circunstancias de identificación del actor y del demandado y el domicilio o residencia en que pueden ser emplazados,

se expondrán numerados y separados los hechos y los fundamentos de derecho, y se fijará con claridad y precisión lo que se pida.

Asimismo, el demandante consignará un número de teléfono, dispositivo electrónico, servicio de mensajería simple o una dirección de correo electrónico, de disponer de ellos, a los meros efectos de contacto por el tribunal.

En el supuesto de que se trate de personas obligadas a relacionarse electrónicamente con la Administración de Justicia, o que elijan hacerlo pese a no venir obligadas a ello, se consignarán necesariamente un número de teléfono y una dirección de correo electrónico.

Además, se indicarán cualquiera de los medios previstos en el apartado 1 del artículo 162, a través de los cuales se podrán realizar notificaciones, requerimientos o emplazamientos personales, incluidos, en su caso, los actos de comunicación correspondientes al procedimiento de ejecución.

Los actos de comunicación a través de dichos medios deberán realizarse en la forma y con las garantías previstas en el artículo 162 para su debida constancia».

Cuando las partes cambiasen su domicilio durante la sustanciación del proceso, lo comunicarán inmediatamente a la oficina judicial.

Asimismo, deberán comunicar los cambios relativos a su número de teléfono, fax, dirección de correo electrónico o similares, o a cualquier otro dato identificativo que altere la práctica de los actos de comunicación realizados en virtud del artículo 162 de la LEC, siempre que estos últimos datos estén siendo utilizados como instrumentos de comunicación con la oficina judicial.

A TENER EN CUENTA. En el supuesto de que los actos de comunicación con las partes aún no personadas o no representadas por procurador se hubiesen practicado dos o más veces, se estará a lo establecido en el apartado 6 del artículo 152 de la LEC.

El art. 156 de la LEC regula las **averiguaciones sobre el domicilio por el tribunal** en aquellos casos en que el demandante manifestare que le es imposible designar un domicilio o residencia del demandado, y la averiguación fuera necesaria, el/la letrado/a utilizará los medios oportunos para averiguar esas circunstancias, pudiendo dirigirse a los registros, organismos, colegios profesionales, entidades y empresas a que se refiere el apartado 3 del artículo 155 de la LEC. Los registros y organismos públicos al recibir las comunicaciones procederán conforme a las disposiciones que regulen su actividad.

A TENER EN CUENTA. El apartado 1 del artículo 156 de la LEC ha sido modificado por la LO 1/2025, de 2 de enero, en vigor desde el 03/04/2025.

En ningún caso se considerará imposible la designación de domicilio a efectos de actos de comunicación si dicho domicilio constara en archivos o registros públicos, a los que pudiera tenerse acceso.

El art. 156 de la LEC en los apartados 3 y 4 establece la forma de actuar del tribunal en función del resultado del trámite de averiguación del domicilio, señalando al respecto:

«3. Si de las averiguaciones a que se refiere el apartado 1 resultare el conocimiento de un domicilio o lugar de residencia, en los casos en que proceda de conformidad con el artículo 155 se practicará la comunicación de la forma establecida en el artículo 152.3.2.ª, siendo de aplicación, en su caso, lo previsto en el artículo 158.

4. Si estas averiguaciones resultaren infructuosas, el Letrado de la Administración de Justicia ordenará que la comunicación se lleve a cabo mediante edictos».

Cuando las averiguaciones del domicilio hubieran resultado infructuosas, el/la letrado/a de la Administración de Justicia ordenará que se comunique el nombre del demandado y los demás datos de identidad al Registro Central de Rebeldes Civiles, con indicación de la fecha de la resolución de comunicación edictal del demandado para proceder a su inscripción.

Cualquier letrado/a de la Administración de Justicia que deba averiguar el domicilio de un demandado podrá dirigirse al Registro Central de Rebeldes Civiles para comprobar si el demandado consta en dicho registro y si los datos que en él aparecen son los mismos de que dispone. En tal caso, mediante diligencia de ordenación, podrá acordar directamente la comunicación edictal del demandado.

Cuando un órgano judicial, tenga conocimiento del domicilio de una persona que figura inscrito en el mentado registro deberá solicitar, a instancia de parte o por iniciativa propia, la cancelación de la inscripción comunicando el domicilio al que se le pueden dirigir las comunicaciones judiciales. En este caso el registro remitirá a las oficinas judiciales en que conste que existe proceso contra dicho demandado, el domicilio indicado a efecto de comunicaciones, resultando válidas las practicadas a partir de ese momento en ese domicilio.

> **CUESTIÓN**
>
> **¿Es posible practicar la anotación con posterioridad a la fase de personación?**
>
> El art. 157.4 de la LEC establece que «(...) cualquier Tribunal que necesite conocer el domicilio actual del demandado en un procedimiento, que se encuentre en ignorado paradero con posterioridad a la fase de personación, podrá dirigirse al Registro Central de Rebeldes Civiles para que se practique la oportuna anotación tendente a que le sea facilitado el domicilio donde puedan dirigírsele las comunicaciones judiciales si este dato llegara a conocimiento del citado Registro».

Comunicación con testigos, peritos y otras personas que no sean parte en el juicio

Las comunicaciones que deban hacerse a testigos, peritos y otras personas que, sin ser parte en el juicio deba intervenir en él, se remitirán a sus destinatarios por correo, telegrama u otros medios semejantes conforme a lo establecido en el apartado 1 del art. 160 de la LEC. Esta remisión se hará al domicilio que designe la parte interesada pudiendo realizarse, en su caso, por el tribunal averiguaciones del domicilio. Estas comunicaciones serán diligenciadas por el procurador de la parte que las haya propuesto, si así lo hubiera solicitado.

Cuando conste en autos el fracaso de la comunicación mediante remisión o las circunstancias del caso lo aconsejen, atendidos el objeto de la comunicación y la naturaleza de las actuaciones que de ella dependan, el/la letrado/a de la Administración de Justicia ordenará que se proceda a la comunicación por medio de copia de la resolución o de cédula.

> **A TENER EN CUENTA**. Estas personas deberán comunicar a la oficina judicial cualquier cambio de domicilio que se produzca durante la sustanciación del proceso. En la primera comparecencia que efectúen se les informará de esta obligación.

Diferentes medios de comunicación judicial previstos en la LEC

Para realizar la comunicación pueden emplearse diferentes medios que analizaremos a continuación.

Remisión de las comunicaciones por correo, telegrama u otros medios semejantes. Art. 160 de la LEC

En los casos en que proceda la remisión de la copia de la resolución o de la cédula por correo certificado o telegrama con acuse de recibo, o por cualquier otro medio semejante que permita dejar en los autos constancia fehaciente de haberse recibido, así como de la fecha de la recepción y de su contenido, el/la letrado/a de la Administración de Justicia dará fe en los autos de la remisión y del contenido de lo remitido y unirá a aquellos, en su caso, el acuse de recibo o el medio a través del cual quede constancia de la recepción o la documentación aportada por el procurador que así lo acredite, de haber procedido este a la comunicación.

> **A TENER EN CUENTA**. A instancia de parte y a costa de quien lo interese, podrá ordenarse que la remisión se haga de manera simultánea a varios lugares de los previstos en el apartado 3 del art. 155 de la LEC.

Cuando el destinatario tuviere su domicilio en el partido donde radique la sede del tribunal podrá remitirse por correo certificado o telegrama con acuse de recibo, o por cualquier otro medio semejante, la cédula de emplazamiento para que el destinatario comparezca en dicha sede o en la sede judicial electrónica a efectos de ser notificado o requerido o de dársele traslado de algún escrito. Esta posibilidad no se da en caso de que se trate de comunicaciones de las que dependa la personación o la realización o intervención personal en las actuaciones.

La cédula expresará con la debida precisión el objeto para el que se requiere la comparecencia del emplazado, indicando el procedimiento y el asunto a que se refiere, con la advertencia de que, si el emplazado no comparece, sin causa justificada, dentro del plazo señalado, se tendrá por hecha la comunicación de que se trate o por efectuado el traslado.

Para la realización de actos de comunicación, a elección del ciudadano, podrán utilizarse los sistemas de identificación previstos en el Real Decreto-ley 6/2023, de 19 de diciembre.

Con independencia del medio por el que se realice el acto de comunicación, los órganos de la Administración de Justicia enviarán un aviso al dispositivo electrónico de su destinatario o a la dirección de correo electrónico que les conste, informándole de la puesta a su disposición del acto de comunicación en la sede judicial electrónica o en la dirección electrónica habilitada única. La falta de práctica de este aviso no impedirá que el acto de comunicación sea considerado plenamente válido.

Comunicación por medio de copia de la resolución o de cédula. Art. 161 de la LEC

El art. 161 de la LEC se encarga de la regulación de la comunicación que se realiza mediante la entrega de la copia de la resolución o de la cédula. Esta entrega se efectuará en la sede judicial electrónica, sede del tribunal o en el domicilio de la persona que deba ser notificada, requerida, citada o emplazada —sin perjuicio de lo previsto en el ámbito de la ejecución—.

La entrega se documentará por medio de diligencia que será firmada por el funcionario o por el procurador que la efectúe y por la persona a quien se haga, cuyos datos identificativos se harán constar.

> **CUESTIÓN**
>
> **¿Qué ocurre si el destinatario se niega a recibir la notificación o cédula o a firmar la diligencia?**
>
> En estos casos el funcionario o procurador que asuma la práctica de la entrega le hará saber que la copia de la resolución o la cédula queda a su disposición en la oficina judicial, produciéndose los efectos de la comunicación, de todo lo cual quedará constancia en la diligencia.

La LEC recoge la forma de actuar en los supuestos en los que el destinatario no se encuentre en el lugar al que se remite la resolución o la cédula, así establece:

- Si el domicilio donde se pretende practicar la comunicación fuere el lugar en el que el destinatario tenga su domicilio según el padrón municipal, o a efectos fiscales, o según registro oficial o publicaciones de colegios profesionales, o fuere la vivienda o local arrendado al demandado, y no se encontrare allí el destinatario: podrá efectuarse la entrega, en sobre cerrado, a cualquier empleado, familiar o persona con la que conviva, mayor de catorce años, que se encuentre en ese lugar, o al conserje de la finca, si lo tuviere, advirtiendo al receptor que está obligado a entregar la copia de la resolución o la cédula al destinatario de esta, o a darle aviso, si sabe su paradero, advirtiendo en todo caso al receptor de su responsabilidad en relación a la protección de los datos del destinatario.

- Si la comunicación se dirigiere al lugar de trabajo no ocasional del destinatario, en ausencia de este: la entrega se efectuará a persona que manifieste conocer a aquél o, si existiere dependencia encargada de recibir documentos u objetos, a quien estuviere a cargo de ella, con las mismas advertencias del punto anterior. Respecto de este caso, la

Audiencia Provincial de Sevilla —**SAP de Sevilla n.º 197/2025, de 10 de abril, ECLI:ES:APSE:2025:1350**— ha señalado que esta posibilidad tiene por finalidad conseguir un conocimiento directo por parte del destinatario y evitar el medio residual y excepcional de la comunicación edictal. Nada dice la norma sobre que dicha comunicación dirigida al lugar de trabajo pueda tener lugar cuando se haya intentado en el domicilio, más bien se ha de entender como un supuesto alternativo, referido a un lugar donde es fácilmente localizable o, al menos, que le puede llegar con rapidez cuando se entrega a terceros.

En estos supuestos en la diligencia se hará constar el nombre de la persona destinataria de la comunicación y la fecha y la hora en la que fue buscada y no encontrada, así como el nombre de la persona que recibe la copia de la resolución o cédula y la relación de dicha persona con el destinatario, produciendo todos sus efectos la comunicación realizada.

CUESTIÓN

¿Es posible la comunicación en el lugar de trabajo ocasional?

No, el propio artículo 161 de la LEC en su apartado tercero habla de lugar de trabajo no ocasional, aclarando la **SAP de Sevilla n.º 197/2025, de 10 de abril, ECLI:ES:APSE:2025:1350**, lo siguiente:

«(...) es también posible dirigir la comunicación al lugar de trabajo del destinatario, pero siempre y cuando no tenga, como expresamente señala el párrafo segundo del apartado tercero, la consideración de ocasional, es decir, que no sea de naturaleza excepcional, transitoria o accidental. Se trata de evitar que el destinatario pueda quedar vinculado, en los términos que establece el último párrafo del apartado tercero de la citada norma, con la notificación realizada en un lugar con el que no mantiene un contacto continuo y permanente, y que, de realizarse, sería fácilmente presumible la dificultad de que llegase a conocimiento del interesado. Desde luego, esta salvedad siempre vendrá referida a cuando no se realice directamente al destinatario. La prohibición de realizarla en ese lugar de trabajo ocasional es porque se refiere al supuesto de entrega a persona distinta de aquél, que encontrándose en el lugar, manifieste conocerle o, si existiendo dependencia encargada de recibir documentos u objetos, se realizara con la persona que estuviere a cargo de ella. Se intenta que este tercero, que ha de realizar esa colaboración con la Administración de Justicia, esté relativamente cercano al destinatario, y no vea obligado a realizar un esfuerzo desmedido o excepcional para cumplir con dicha imposición legal, por cuanto la comunicación realizada ese tercero producirá todos sus efectos, de ahí la trascendencia e importancia de cumplir todos estos requisitos».

Finalmente, para el caso en el que no se halle a nadie en el domicilio al que se acude el/la letrado/a de la Administración de Justicia, funcionario/a o procurador/a, procurará averiguar si vive allí el destinatario. Si ya no residiese o trabajase en ese lugar y alguna de las personas consultadas conociese el actual, este se consignará en la diligencia negativa de comunicación, procediéndose a la realización del acto de comunicación en el domicilio facilitado. En caso de que no pueda conocerse la nueva dirección el tribunal llevará a cabo la averiguación del domicilio conforme al art. 156 de la LEC.

‖ Comunicación por medios electrónicos, informáticos y similares. Art. 162 de la LEC

Este medio se empleará con los profesionales y destinatarios obligados —legal o contractualmente— a utilizar estos medios, así como con aquellos que opten por los mismos. Para ello deberán comunicar a las oficinas judiciales el hecho de disponer de los medios antes indicados y la dirección electrónica habilitada a tal efecto.

Cuando constando la correcta remisión del acto de comunicación por dichos medios técnicos, salvo los practicados a través de los servicios de notificaciones organizados por los Colegios de Procuradores, transcurrieran tres días sin que el destinatario acceda a su contenido, se entenderá que la comunicación ha sido efectuada legalmente desplegando plenamente sus efectos. En este caso, los plazos para desarrollar actuaciones procesales comenzarán a computarse desde el día hábil siguiente al tercero.

Se exceptúan los casos en los que el destinatario justifique que no pudo acceder al sistema de notificaciones durante ese periodo. Si la falta de acceso se debiera a causas técnicas y estas persistiesen en el momento de ponerse en conocimiento de la Administración de Justicia, el acto de comunicación se practicará mediante entrega de copia de la resolución. En este supuesto, no obstante, en el caso de producirse el acceso transcurrido dicho plazo, pero antes de efectuada la comunicación mediante entrega, se entenderá válidamente realizada la comunicación en la fecha que conste en el resguardo acreditativo de la recepción electrónica.

Se exceptuarán también aquellos supuestos de fuerza mayor en que los colegios de procuradores hayan suspendido el reenvío del servicio de notificaciones durante el plazo máximo de tres días según lo previsto en el apartado 2 del artículo 151 de la LEC.

> **A TENER EN CUENTA**. No se practicarán actos de comunicación a los y las profesionales por vía electrónica durante los días del mes de agosto ni durante los días que median entre el 24 de diciembre y el 6 de enero del año siguiente, ambos inclusive, salvo que sean hábiles para las actuaciones que corresponda.

Cuando la autenticidad de resoluciones, documentos, dictámenes o informes presentados o transmitidos por los medios a que se refiere el apartado anterior solo pudiera ser reconocida o verificada mediante su examen directo o por otros procedimientos, podrán, no obstante, ser presentados en soporte electrónico mediante imágenes digitalizadas de los mismos.

En caso de que alguna de las partes, el tribunal en los procesos de familia, provisión de medidas judiciales de apoyo o filiación, o el Ministerio Fiscal, así lo solicitasen, habrán de aportarse aquellos en su soporte papel original, en el plazo o momento procesal que a tal efecto se señale.

‖ Comunicación edictal. Art. 164 de la LEC

El/La letrado/a de la Administración de justicia mandará que se haga la comunicación a través del **Tablón Edictal Judicial Único**, salvaguardando en todo caso los derechos e intereses de menores, así como otros derechos y libertades que pudieran verse afectados por la publicidad de los mismos, en los siguientes casos:

- Cuando no pudiera conocerse el domicilio del destinatario de la comunicación.
- Cuando no pudiera hallarse al destinatario ni efectuarse la comunicación con todos sus efectos.
- Cuando así se acuerde en el caso a que se refiere el apartado 2 del artículo 157 de la LEC.

En todo caso en la comunicación o publicación en atención al superior interés de los menores y para preservar su intimidad, deberán omitirse los datos personales, nombres y apellidos, domicilio, o cualquier otro dato o circunstancia que directa o indirectamente pudiera permitir su identificación.

El art. 164 de la LEC finaliza con una previsión especial para los procesos de desahucio de finca urbana o rústica en su último párrafo, para lo cual señala:

«En los procesos de desahucio de finca urbana o rústica por falta de pago de rentas o cantidades debidas o por expiración legal o contractual del plazo y en los procesos de reclamación de estas rentas o cantidades debidas, cuando no pudiere hallarse al arrendatario ni efectuarle la comunicación al arrendatario en los domicilios designados en el párrafo segundo del apartado 3 del artículo 155, ni hubiese comunicado de forma fehaciente con posterioridad al contrato un nuevo domicilio al arrendador, al que éste no se hubiese opuesto, se procederá, sin más trámites, a realizar la comunicación a través del Tablón Edictal Judicial Único».

A título de ejemplo sobre un caso de comunicación edictal podemos citar la **SAP de Almería n.° 648/2025, de 1 de julio, ECLI:ES:APAL:2025:1161**. En ella, alegada la falta de diligencia debida para asegurar la notificación y emplazamiento de la parte demandada lo que conduciría a su indefensión, la audiencia entiende que la actuación judicial ha sido conforme a derecho pues se intentó la notificación en varios lugares antes de proceder a la publicación de edictal que devino necesaria. En primer lugar, se intentó notificar en el domicilio social de la demandada, al no conseguirse, se consultó telemáticamente el domicilio social y atendiendo al Registro Mercantil se procedió a la notificación en otro domicilio. Ante la imposibilidad, se intentó en el domicilio del representante legal en dos ocasiones no siendo tampoco de este modo efectiva. Procediendo finalmente a la comunicación edictal.

En parecido sentido se pronuncia la **SAP de Barcelona n.° 471/2025, de 10 de julio, ECLI:ES:APB:2025:8506**. En este supuesto, la demanda se dirige a los ignorados ocupantes de un inmueble, así, constituido el funcionario de auxilio judicial en él para emplazar a los demandados, se deja constancia de que la casa está cerrada y que una vecina declara que la casa había sido desalojada hace un mes. Realizadas las gestiones oportunas para conocer el domicilio actual de la parte demandada resultan infructuosas, procediéndose a la comunicación por medio de edictos. Así señala:

«El domicilio era correcto y personado el funcionario de auxilio judicial constató que la casa estaba cerrada indicándole una vecina que el inmueble había sido desalojado, por lo que no era necesario por el juzgado más intentos de notificación. No estamos ante un caso en que no se corresponde la dirección, en que no se hayan hechos averiguaciones a través del punto neutro judicial antes de proceder a notificar por edictos, aquí el domicilio era correcto y el juzgado actuó conforme a lo dispuesto en el artículo 164 de la LEC».

|| **Comunicación mediante auxilio judicial. Art. 165 de la LEC**

El auxilio judicial supone que los actos de comunicación se realicen por un tribunal distinto del que los hubiera ordenado. En estos casos el despacho se remitirá por medio de sistema informático judicial salvo los supuestos en los que deba realizarse en soporte papel por ir el acto acompañado de elementos que no sean susceptibles de conversión en formato electrónico, y se acompañará la copia o cédula correspondiente y los demás que en cada caso proceda.

Estos actos de comunicación se cumplimentarán en un plazo no superior a veinte días, contados a partir de su recepción, debiendo ser devuelto conforme a lo dispuesto para la remisión del despacho. Cuando no se realicen en el tiempo indicado, a cuyo efecto se requerirá al/a la letrado/a de la Administración de Justicia para su observancia, se habrán de expresar, en su caso, las causas de la dilación.

> **A TENER EN CUENTA**. Los actos de comunicación podrán ser realizados, a instancia de parte, por procurador/a, encargándose de su cumplimiento en los mismos términos y plazos.

2.3.2. Nulidad de los actos de comunicación judicial

Nulidad de los actos de comunicación judicial

Los actos de comunicación tienen como objetivo garantizar que los destinatarios reciban de manera efectiva y en tiempo oportuno las resoluciones judiciales, protegiendo así el derecho a la tutela judicial efectiva. En este sentido, el Tribunal Constitucional en su **sentencia n.° 30/2014, de 24 de febrero, ECLI:ES:TC:2014:30,** ha señalado:

> «Sobre esta cuestión, este Tribunal se ha pronunciado en reiteradas ocasiones, señalando la gran relevancia que posee la correcta constitución de la relación jurídica procesal para garantizar el derecho de defensa reconocido en el art. 24 CE, que implica la posibilidad de un juicio contradictorio en que las partes puedan hacer valer sus derechos e intereses legítimos. De ahí la especial trascendencia de los actos de comunicación del órgano judicial con las partes, en particular el emplazamiento, citación o notificación a quien ha de ser o puede ser parte en el procedimiento, pues en tal caso el acto de comunicación es el necesario instrumento que facilita la defensa en el proceso de los derechos e intereses cuestionados, de tal manera que su falta o deficiente realización, siempre que se frustre la finalidad con ellos perseguida, coloca al interesado en una situación de indefensión que vulnera el referido derecho fundamental, salvo que la situación de incomunicación sea

imputable a la propia conducta del afectado por haberse situado voluntaria o negligentemente al margen del proceso, pese a tener conocimiento por otros medios distintos de su existencia, si bien es necesario recordar que la posible negligencia, descuido o impericia imputables a la parte, o el conocimiento extraprocesal de la causa judicial tramitada inaudita parte, que excluiría la relevancia constitucional de la queja, "no puede fundarse sin más en una presunción cimentada en simples conjeturas, sino que debe acreditarse fehacientemente para que surta su efecto invalidante de la tacha de indefensión, pues lo presumido, es justamente, el desconocimiento del proceso si así se alega (SSTC 219/1999, de 29 de noviembre, FJ 2; y 182/2000, de 16 de mayo, FJ 5)" (STC 268/2000, de 13 de noviembre, FJ 4)».

En la misma línea, cabe destacar la **SAP de Barcelona n.º 459/2025, de 10 de julio, ECLI:ES:APB:2025:7655**, de la que se infiere:

«En este sentido, es doctrina constitucional reiterada (SSTC 9/1981, 1/1983, 22/1987,y 72/1988) que **los actos de comunicación procesal**, por su acusada relación con la tutela judicial efectiva que como derecho fundamental garantiza el artículo 24 de la Constitución Española y, muy especialmente, con la indefensión que, en todo caso, proscribe el citado precepto, **no constituyen meros requisitos formales en la tramitación del proceso, sino exigencias inexcusables para garantizar a las partes o a quienes puedan serlo, la defensa de sus derechos e intereses legítimos**.

De ahí que, como viene declarando el Tribunal Constitucional en la sentencias citadas, y ha reiterado en otras muchas ocasiones, **cobra singular importancia el primer acto procesal de comunicación, o sea, el emplazamiento o citación de las partes porque sin él no tendrían éstas la oportunidad de disponer lo conveniente para defender en el proceso sus derechos e intereses**, de tal manera que su falta o deficiente realización, siempre que se frustre la finalidad perseguida con el emplazamiento o la citación, coloca al interesado en una situación de indefensión que es lesiva al derecho fundamental de defensa.

(...)

(...) el actual **artículo 166.1 de la Ley 1/2000, de 7 de enero, de Enjuiciamiento Civil, proclama la nulidad de los actos de comunicación** que no se practiquen con arreglo a lo dispuesto en la ley, y que puedan causar indefensión, nulidad que **puede incluso ser apreciada de oficio en cualquier momento del proceso por ser las normas sobre actos de comunicación de derecho imperativo, o más todavía, de orden público**, en cuanto su incumplimiento afecta al artículo 24 de la Constitución (Sentencia del Tribunal Supremo de 11 de Octubre de 1994), de modo que, en caso de no declararse por el órgano judicial, puede dar lugar en amparo al restablecimiento del derecho de defensa garantizado en el artículo 24 de la Constitución, una vez comprobado que la omisión de los requisitos legales ha producido efectivamente la indefensión de quien la alega y que ello es debido no a su pasividad o negligencia, sino a la actuación del órgano judicial (SSTC 156/1985, 14/1987, 39/1987, 157/1987, y 155/1988)».

Es por esto que el art. 166 de la LEC, apartado 1, regula la nulidad de los actos de comunicación que no se practicaren con arreglo a lo dispuesto en la regulación de éstos y que, por tanto, puedan causar indefensión. El apartado 2 de este artículo establece una excepción a esta regla general de nulidad al decir que cuando la persona notificada, citada, emplazada o requerida se hubiera dado por enterada en el asunto, y no denunciase la nulidad de la diligencia en su primer acto de comparecencia ante el tribunal, surtirá ésta desde entonces todos sus efectos, como si se hubiere hecho con arreglo a las disposiciones de la ley.

En cuanto a esta subsanación se ha referido el Tribunal Supremo en la **sentencia n.º 171/2019, de 20 de marzo, ECLI:ES:TS:2019:898**:

> «3.- Cuando, pese al defecto, un acto de comunicación viciado de nulidad llega a conocimiento de su destinatario, éste puede, o bien darlo por válido y conservar las actuaciones -lo que ocurrirá normalmente cuando este comportamiento no dañe sus derechos y oportunidades procesales-, o bien impugnarlo -cuando haya sufrido un menoscabo procesal-. Lo que no debe hacer es dejar que las actuaciones avancen sin hacer notar la falta y, posteriormente, cuando le interese, pretender la declaración de nulidad de una notificación, que, si bien inicialmente fue nula, luego ha quedado subsanada.
>
> Como dice la sentencia de esta sala 698/1995, de 13 de julio :
>
> "[l]a sustancia y esencia de tales actos [de comunicación] es que la parte tenga conocimiento de lo que sucede en el proceso y si esto ocurre, aunque el acto de comunicación adoleciere de alguna irregularidad, debe producir plenos efectos, pues lo que no puede proteger el derecho es el desinterés, la pasividad o negligencia del interesado que adquirió, a pesar de un posible defecto de comunicación, conocimiento del acto o resolución judicial por otros medios distintos, supuesto en el que no puede alegar indefensión, al depender su conducta activa o pasiva de su exclusiva conveniencia y acomodo"».

2.4. Sustanciación, vista y decisión

La sustanciación, vista y decisión de los asuntos civiles

En cuanto a la sustanciación del proceso debemos partir de lo establecido en el art. 178 de la LEC que señala:

> «1. Los Letrados de la Administración de Justicia darán cuenta a la Sala, al ponente o al Juez, en cada caso, de los escritos y documentos presentados en el mismo día o en el siguiente día hábil, cuando contuvieran peticiones o pretensiones que exijan pronunciamiento de aquellos.
>
> Lo mismo harán respecto a las actas que se hubieren autorizado fuera de la presencia judicial.
>
> 2. También darán cuenta, en el siguiente día hábil, del transcurso de los plazos procesales y del consiguiente estado de los autos cuando a su vencimiento deba dictarse la oportuna resolución por el Juez o Magistrado, así como de las resoluciones que hubieren dictado que no fueran de mera tramitación.
>
> 3. Los funcionarios del Cuerpo de Gestión Procesal y Administrativa darán a su vez cuenta al Letrado de la Administración de Justicia de la trami-

tación de los procedimientos, en particular cuando ésta exija una interpretación de ley o de normas procesales, sin perjuicio de informar al titular del órgano judicial cuando fueran requeridos para ello».

En caso de que estemos ante un **tribunal colegiado le corresponde al/a la letrado/a de la Administración de Justicia determinar, para cada asunto, el/la magistrado/a ponente**, según el turno establecido para la sala o sección al principio de cada año judicial exclusivamente sobre la base de criterios objetivos. Esta designación se hará en la primera resolución que el/la letrado/a de la Administración de Justicia dicte en el proceso y se notificará a las partes el nombre del/de la magistrado/a ponente y, en su caso, del que con arreglo al turno ya establecido le sustituya, con expresión de las causas que motiven la sustitución. Este magistrado/a ponente tendrá como funciones, según el art. 181 de la LEC:

- El despacho ordinario y el cuidado de la tramitación de los asuntos que le hayan sido turnados, sin perjuicio del impulso que corresponda al/a la letrado/a de la Administración de Justicia.

- Examinar la proposición de medios de prueba que las partes presenten e informar sobre su admisibilidad, pertinencia y utilidad.

- Informar los recursos interpuestos contra las decisiones del tribunal y los recursos interpuestos contra las decisiones del/de la letrado/a de la Administración de Justicia que deba resolver el tribunal.

- Dictar las providencias y proponer las demás resoluciones que deba dictar el tribunal.

- Redactar las resoluciones que dicte el tribunal, sin perjuicio de lo dispuesto en el párrafo segundo del artículo 203 de la LEC.

Conforme al art. 179 de la LEC el/la **letrado/a de la Administración de Justicia dará de oficio al proceso el curso que corresponda.** Para ello habrá de dictar las resoluciones que sean necesarias. Este mismo precepto recoge la **posibilidad de que el procedimiento se suspenda.**

2.4.1. Suspensión del procedimiento

Suspensión del procedimiento civil

El curso del procedimiento puede verse interrumpido por muchas causas, una de ellas es la suspensión que puede deberse a múltiples motivos que analizaremos a continuación.

|| Suspensión por acuerdo de las partes

A TENER EN CUENTA. El artículo 19 de la LEC ha sido modificado por la LO 1/2025, de 2 de enero, con efectos desde el 3 de abril de 2025, concretamente se modifican los apartados 1 y 3 del mismo y se añade un nuevo apartado 5. La finalidad de esta modificación es regular la posible derivación de los asuntos a mediación, o a cualquier otro medio adecuado de solución de controversias por el/la LAJ en los casos en que proceda.

El art. 19 de la LEC reconoce la **facultad de los litigantes para disponer del objeto del juicio** la cual las habilita para renunciar, desistir del juicio, allanarse, someterse a mediación, a cualquier otro medio adecuado de solución de controversias o a arbitraje y transigir sobre lo que sea objeto del mismo. **¿Existe alguna limitación a esta facultad? Sí,** queda exceptuada la misma en aquellos casos en que la ley lo prohíba o establezca limitaciones por razones de interés general o en beneficio de tercero.

Asimismo, el apartado 4 del citado precepto **prevé la suspensión del curso del procedimiento por acuerdo de las partes** con el fin de alcanzar un acuerdo, que será acordada por el/la letrado/a de la Administración de Justicia **mediante decreto** siempre que con ello no se perjudique al interés general o a un tercero. En estos casos el plazo de la suspensión **no podrá superar los sesenta días.**

En este supuesto de suspensión partimos de que el proceso civil se encuentra regido por el principio dispositivo lo que implica, a estos efectos, que interesada la suspensión del juicio por todas las partes invocando justa causa y sin que con ello se perjudique a tercero ni el interés general, debe acordarse la suspensión. En este sentido se ha manifestado la Audiencia Provincial de Almería en la **sentencia n.º 359/2023, de 28 de marzo, ECLI:ES:APAL:2023:489,** la cual establece «*Ciertamente la competencia corresponde al Letrado de la Administración de Justicia según los preceptos indicados y debió resolver, pues necesariamente hubo de dar cuenta a la Juzgadora de Instancia antes de la vista, aún cuando la infracción procesal causante de indefensión, en el presente caso no se aprecia por el hecho de que sea adoptada por la juzgadora en el acto de juicio cuando el escrito se ha presentado el día inmediatamente anterior, sino que la infracción procesal relevante es que en un proceso civil puro, regido por el principio dispositivo, " todas las partes de mutuo acuerdo habían interesado la suspensión del juicio" y ante ello, el Juzgado conforme al art 19.4, art 188.3 y 7 de la LEC, debió acordar la suspensión pues ni perjudica a tercero, ni al interés general y, además, invocaba una justa causa, la falta de cumplimentación de una documental admitida en la audiencia previa (...)*».

A TENER EN CUENTA. Por la reforma realizada por la LO 1/2025, de 2 de enero, una vez implantados de forma efectiva los tribunales de instancia (D.T. 1.ª), todas las referencias realizadas a los juzgados unipersonales se entenderán realizadas a las secciones del orden jurisdiccional correspondiente de los tribunales de instancia.

Para que dicha suspensión sea posible es **necesaria la concurrencia de voluntades de ambas partes** del litigio tal como ha señalado el **auto del Tribunal Supremo, rec. 557/2014, de 25 de marzo de 2015, ECLI:ES:TS:2015:2219A:**

> «La petición de suspensión ha de ser rechazada por cuanto la misma ha de derivar de una concurrencia de voluntades de las partes en litigio. No se trata simplemente de que se acuerde a instancia de parte, si no de que ambas partes, de común acuerdo, soliciten la paralización del proceso a los efectos de evitar dejar en manos de uno de los litigantes la mayor o menor celeridad en la resolución definitiva de la controversia (...)».

El art. 179 de la LEC también se refiere a la suspensión a petición de las partes y establece que **el procedimiento se reanudará si lo solicita cualquiera de las partes**. En el supuesto de que transcurrido el plazo por el que se acordó la suspensión, **nadie pidiere, en los cinco días siguientes, la reanudación del proceso** el/la letrado/a de la Administración de Justicia **acordará archivar provisionalmente los autos** y permanecerán en tal situación mientras no se solicite la continuación del proceso o se produzca la caducidad de la instancia.

> **CUESTIÓN**
>
> **Si finalizado el plazo de suspensión acordado las partes no solicitan que se reanude y el/la letrado/a de la Administración de Justicia archiva provisionalmente los autos, ¿puede producirse la caducidad de la instancia?**
>
> Sí, en caso de que por las partes no se produzca actividad procesal alguna conforme establece el art. 237 de la LEC. En este sentido se ha pronunciado la **STS, rec. 331/2008, de 29 de junio de 2009, ECLI:ES:TS:2009:4304** «(...) cuando se acuerda la suspensión del curso del proceso por sesenta días (art. 19.4 LEC) no cesa en ese momento la actividad de impulso de oficio del Tribunal, pues aun en el caso de que las partes no insten la continuación del procedimiento una vez transcurrido ese plazo, todavía tiene que realizar el Tribunal una última actuación procesal de oficio, que es justamente la de declarar el archivo provisional mediante Auto, conforme al art. 179.2 en relación con el 19.4 . Solo entonces, cuando se ha acordado ese archivo provisional, cesa la actividad de impulso de oficio del órgano jurisdiccional y se traslada a las partes la carga de promover el impulso del proceso, so pena de caducidad de la instancia, en caso de no hacerlo, una vez transcurridos dos años desde la notificación de aquel Auto». Así mismo lo ha establecido la Audiencia Provincial de Cádiz en la **sentencia n.° 49/2022, de 1 de febrero, ECLI:ES:APCA:2022:129** «(...) A nuestro juicio ello implica que, una vez transcurridos los cinco días a los que se refiere la norma, esto es, a partir del día 22/abril/2015, el proceso quedó paralizado y desde entonces debe computarse el plazo para apreciar la caducidad. Tal solución se adapta mejor al sentido y finalidad de la norma, esto es, sancionar la inactividad de la parte en cuanto índice de su falta de interés en la continuación del procedimiento y evita que la apertura del plazo quede al albur del momento incierto en que el Juzgado advierta la paralización de la causa, dado que nada añade sustancialmente al curso de las actuaciones el dictado de la resolución de archivo provisional que no sea su implicación en la estadística judicial».

|| Suspensión a solicitud de profesional de la abogacía

La suspensión del procedimiento también puede solicitarse por el/la abogado/a conforme a los apartados 3, 4 y 5 del art. 179 de la LEC añadidos por el Real Decreto-ley 5/2023, de 28 de junio, con entrada en vigor el 29 de julio de 2023.

El profesional de la abogacía podrá solicitar la suspensión en los siguientes casos:

- **Fallecimiento, accidente o enfermedad graves de su cónyuge, de persona a la que estuviese unido por análoga relación de afectividad o de un familiar dentro del primer grado de consanguinidad o afinidad.** En estos casos la suspensión se producirá por **tres días hábiles** a contar desde el día siguiente al hecho causante, plazo que podrá ser de **hasta cinco días hábiles cuando a tal efecto sea preciso un desplazamiento** a otra localidad.

> **A TENER EN CUENTA**. En caso de que el fallecimiento y las otras circunstancias señaladas afecten a familiares en segundo grado de afinidad o consanguinidad, los plazos de suspensión antes señalados quedarán reducidos a dos y cuatro días hábiles, respectivamente.

- **Accidente o enfermedad del profesional de la abogacía interviniente**. La suspensión se mantendrá durante el periodo coincidente con la baja laboral conforme a la legislación laboral y de seguridad social o cualquier otro sistema de previsión social, y en todo caso por un plazo máximos de treinta días naturales, transcurridos los cuales se alzará la suspensión.

- En caso de **nacimiento y cuidado de menor,** las personas profesionales de la abogacía intervinientes a quienes se le haya concedido la baja por nacimiento y cuidado de menor podrán solicitar la suspensión del procedimiento, y por tanto todos los actos y plazos procesales en curso, para el período coincidente con el descanso laboral obligatorio establecido según la legislación laboral y de seguridad social.

La suspensión así solicitada **afectará a todos los procedimientos en los que intervenga la persona profesional de la abogacía** en cuestión.

La acreditación de las circunstancias que justifican la suspensión por solicitud del profesional de la abogacía habrá de hacerse documentalmente con el escrito en el que se solicita la suspensión. Los documentos que se aporten a tal fin se utilizarán exclusivamente a los efectos de resolver sobre la solicitud, con prohibición de divulgarlos o comunicarlos a terceros.

CUESTIÓN

¿Los documentos que acreditan la circunstancia que justifica la suspensión se unirán a las actuaciones?

No, para garantizar la protección de los datos e información que tuvieran carácter confidencial, el tribunal atribuirá carácter reservado a dicha documentación, que no se unirá a las actuaciones, en las que el/la letrado/a de la Administración de Justicia extenderá la oportuna diligencia de constancia.

En caso de que en el plazo por el que se solicita la suspensión estuviere señalada alguna vista u otro acto procesal, en la misma solicitud se indicarán, además de los datos que sean necesario de las partes, los profesionales, peritos, testigos y demás intervinientes para facilitar su localización y que puedan ser informados a la mayor brevedad de la suspensión acordada.

CUESTIÓN

¿Es posible suspender el proceso en caso de renuncia del/de la letrado/a de una de las partes?

No, así lo tiene declarado el Tribunal Supremo en la **sentencia n.º 22/2017, de 17 de enero, ECLI:ES:TS:2017:111**, «(...) La improrrogabilidad de los plazos establecida en el artículo 134 LEC , en relación con el 132.1, se impone inexorablemente a salvo de los supuestos de fuerza mayor a que la propia ley se refiere. No puede ni siquiera asimilarse a los supuestos de fuerza mayor la renuncia del letrado a continuar con la defensa de la parte, pues ello responderá a las circunstancias propias de la relación de servicios establecida con el litigante sin que en absoluto pueda afectar a la marcha del proceso civil y al necesario cumplimiento de los plazos, tanto en lo que se refiere a la actuación del órgano judicial como de la parte contraria. En supuestos de mayor relevancia, por la propia perentoriedad de la actuación, como es la solicitud de nuevo señalamiento o la suspensión de vistas (artículos 183 y 188 LEC) no se admite por la ley como causa justificada para dicha petición la renuncia del letrado a continuar con la defensa de los intereses de la parte de que se trate».

|| Suspensión por prejudicialidad

En la regulación que la Ley de Enjuiciamiento Civil establece para las cuestiones prejudiciales contempla la posibilidad de suspensión del proceso civil en los siguientes términos.

Comienza el art. 40 de la LEC refiriéndose a la prejudicialidad penal para la cual prevé que **en términos generales no se acordará la suspensión** del proceso civil, salvo en aquellos supuestos en los que concurran las siguientes circunstancias:

- Se acredite la existencia de causa criminal en la que se estén investigando, como **hechos** de apariencia delictiva, alguno o algunos de los que **fundamenten las pretensiones de las partes en el proceso civil**.

- La decisión del tribunal penal acerca del hecho por el que se procede en causa criminal pueda **tener influencia decisiva** en la resolución sobre el asunto civil.

Esta suspensión será acordada **mediante auto, una vez que el proceso esté pendiente sólo de sentencia**. No obstante, cuando la suspensión venga motivada por la posible existencia de un **delito de falsedad de alguno de los documentos** aportados se acordará, **tan pronto como se acredite que se sigue causa criminal** sobre aquel delito, cuando el documento, a juicio del tribunal, pudiera ser decisivo para resolver sobre el fondo del asunto.

A TENER EN CUENTA. En caso de que la parte a quien pueda favorecer el documento renunciare a él no se acordará la suspensión o se alzará en caso de que el/la letrado/a de la Administración de Justicia ya la hubiere acordado.

Con relación a las **condiciones de la suspensión por prejudicialidad penal** se ha pronunciado en reiteradas ocasiones el Tribunal Supremo, muestra de ello es el **auto, rec. 270/2019, de 7 de febrero de 2023, ECLI:ES:TS:2023:1150A,** que determina:

«La Ley de Enjuiciamiento Civil (LEC), al regular la prejudicialidad penal en un procedimiento civil, distingue, con carácter general, entre hechos con apariencia delictiva (a los que se refiere el art. 40.1) y prejudicialidad penal propiamente dicha (que es a la que en realidad se refieren los apartados siguientes). Señala el art. 40.2 LEC, como principio general, que no se ordenará la suspensión de las actuaciones del proceso civil sino cuando concurran las siguientes circunstancias, que se tienen que dar conjuntamente:

"1.ª Que se acredite la existencia de causa criminal en la que se estén investigando, como hechos de apariencia delictiva, alguno o algunos de los que fundamenten las pretensiones de las partes en el proceso civil.

2ª Que la decisión del tribunal penal acerca del hecho por el que se procede en causa criminal pueda tener influencia decisiva en la resolución sobre el asunto civil".

A su vez, en el caso de que concurran tales requisitos, los apartados 3.º y 4.º del art. 40.2 LEC distinguen dos momentos procesales diferentes para acordar la suspensión del procedimiento civil por prejudicialidad penal: como regla general, la suspensión se acordará por auto cuando el procedimiento únicamente esté pendiente de sentencia; y como excepción, la suspensión será inmediata cuando la presunta actividad delictiva relacionada con el proceso civil afecte a la falsedad de alguno de los documentos aportados al pleito (delito de falsedad documental)».

JURISPRUDENCIA

Sentencia del Tribunal Supremo n.º 984/2023, de 20 de junio, ECLI:ES:TS:2023:2727

«Se señalan como vulnerados los arts. 10.2 LOPJ y 42 de la LEC.

Conforme al primero de los mentados preceptos, a los solos efectos prejudiciales, cada orden jurisdiccional podrá conocer de asuntos que no le estén atribuidos privativamente; por consiguiente, en el proceso civil, cabe apreciar la existencia de episodios o indicios de violencia de género para obtener las oportunas consecuencias.

Es más, sobre tal base se construye actualmente la proposición normativa de los arts. 92.7 y 94.4 del CC, sin necesidad de esperar a la clausura del procedimiento criminal, que dejaría, mientras tanto, sin resolución judicial las medidas personales y patrimoniales que deben pronunciarse para regular las relaciones conyugales o de pareja, lo que supondría lesionar el derecho a la tutela judicial efectiva del art. 24.1 CE, que impone dar una respuesta pronta y motivada a las consecuencias civiles derivadas de las crisis familiares, que no pueden quedar en la nebulosa de la incertidumbre o del hecho consumado.

El art. 40 de la LEC, regulador de la prejudicialidad penal, condiciona la suspensión del proceso civil a que los hechos de apariencia delictiva fundamenten las pretensiones de las partes y además de forma decisiva.

En este caso, la pendencia del proceso criminal no impide adoptar los correspondientes pronunciamientos civiles sin necesidad de esperar a la clausura provisional o definitiva del proceso criminal, toda vez que basta apreciar si alguno de los litigantes se encuentra incurso en un proceso penal ponderando las circunstancias concurrentes o, incluso, cuando el juez civil advierta, de las alegaciones de las partes y de las pruebas practicadas, la existencia de indicios de violencia doméstica o de género para adoptar las decisiones procedentes en el proceso civil (arts. 94 IV y 92.7 CC).

No concurre, pues, el supuesto normativo del art. 10.2 LOPJ, que anuda la suspensión a la circunstancia de que no pueda prescindirse del procedimiento criminal "para la debida decisión o que condicione directamente el contenido de ésta", lo que, como venimos razonando, no es el caso que nos ocupa».

En aquellos supuestos en los que la **cuestión prejudicial no sea penal**, sino un asunto de los atribuidos a los órdenes contencioso-administrativo o social, el art. 42 de la LEC señala que, a los solos efectos prejudiciales, el tribunal civil podrá conocer de estos asuntos. En este caso la decisión del tribunal civil no surtirá efecto fuera del proceso en que se produzca. No obstante, **cuando lo establezca la ley o las partes de común acuerdo o una con el consentimiento de la otra lo pidan,** el/la letrado/a de la Administración de Justicia **suspenderá el curso de las actuaciones**, antes de que hubiera sido dictada sentencia, hasta que la cuestión prejudicial sea resuelta.

En cuanto a los requisitos del art. 42.3 de la LEC el Tribunal Supremo ha reconocido la posibilidad de suspender el proceso aun cuando no exista acuerdo entre las partes en el caso de que resulte necesario para resolver conocer la decisión de la cuestión prejudicial, así lo ha expuesto en el **auto, rec. 32/2018, de 25 de junio de 2019, ECLI:ES:TS:2019:7292A**:

> «Es cierto que en el presente caso no concurren los requisitos contemplados en el apartado 3 del artículo 42 LEC al no existir acuerdo entre las partes en cuanto a la suspensión, más también lo es que resulta necesario a esta Sala conocer el resultado de lo que se resuelva ante la jurisdicción contencioso administrativa en tanto que una resolución que revocara lo resuelto por la Comisión Nacional de los Mercados y la Competencia influiría decisivamente en la presente demanda de revisión que, reiteramos se apoya precisamente en la misma para pedir la rescisión del laudo arbitral. En la medida que ello es así procede aplicar analógicamente lo dispuesto en el artículo 43 LEC , de suerte que solicitada la suspensión por la parte demandante en revisión y oída la contraria sobre tal cuestión, procede decretar la suspensión del curso de las actuaciones, en el estado en que se hallen, hasta que finalice el recurso contencioso administrativo contra la resolución de la Comisión Nacional de los Mercados y la Competencia de fecha 13 de febrero de 2018».

Finalmente, el art. 43 de la LEC se refiere a la **prejudicialidad civil** para lo que señala:

> «Cuando para resolver sobre el objeto del litigio sea necesario decidir acerca de alguna cuestión que, a su vez, constituya el objeto principal de otro proceso pendiente ante el mismo o distinto tribunal civil, si no fuere posible la acumulación de autos, el tribunal, a petición de ambas partes o de una de ellas, oída la contraria, podrá mediante auto decretar la suspensión del curso de las actuaciones, en el estado en que se hallen, hasta que finalice el proceso que tenga por objeto la cuestión prejudicial.
>
> Contra el auto que deniegue la petición cabrá recurso de reposición, y contra el auto que acuerde la suspensión cabrá presentar recurso de apelación».

|| Suspensión por solicitud de asistencia jurídica gratuita

El apartado 1 del artículo 16 de la Ley de Asistencia Jurídica Gratuita se encarga de regular la suspensión del procedimiento. Este precepto comienza señalando *«La solicitud de reconocimiento del derecho a la asistencia jurídica gratuita no suspenderá el curso del proceso o expediente administrativo».*

Sin embargo continúa estableciendo que con el fin de evitar que el transcurso de los plazos pueda provocar la preclusión de un trámite o la indefensión de cualquiera de las partes, el/la letrado/a de la Administración de Justicia o el órgano administrativo, de oficio o a petición de la parte, podrá decretar la suspensión.

Esta suspensión será por el tiempo preciso para que se resuelva sobre el reconocimiento o la denegación del derecho de litigar gratuitamente, o la designación provisional de los/las profesionales de la abogacía y la procura si su intervención fuera preceptiva o requerida en interés de la justicia, siempre que la solicitud se hubiera formulado en los plazos establecidos en las leyes procesales o administrativas.

> **A TENER EN CUENTA**. Esta suspensión afectará también al plazo de subsanación a que se refiere el apartado 2 del artículo 8 de la Ley 10/2012, de 20 de noviembre, por la que se regulan determinadas tasas en el ámbito de la Administración de Justicia y del Instituto Nacional de Toxicología y Ciencias Forenses.

RESOLUCIÓN RELEVANTE

SAP de Málaga n.º 281/2023, de 25 de abril, ECLI:ES:APMA:2023:328

«En el caso de autos, consta que la renuncia del Letrado y Procurador designados por la demandada recurrente se produjo el 7 de septiembre de 2021, solicitando la suspensión de la vista señalada para el día 13 siguiente mediante escrito presentado el día 10. En dicho acto se ratificó por los profesionales actuantes la renuncia efectuada y se instó a los mismos para que su defendida buscase nueva representación procesal, señalándose nueva vista para el día 13 de octubre siguiente. Con independencia de que no cabe tildar de irregular el inicio de la celebración de la vista señalada para el día 13 de septiembre, en la que se ratificó la renuncia anunciada de tales profesionales, que fue aceptada por el Juzgado, sin embargo, a la vista de ello, se debió de requerir a la misma para que efectuara nueva designación en vez de encargar a tales profesionales que lo hicieran. No obstante, no ofrece duda que la demandada tuvo conocimiento de dicho encargo y de la nueva fecha para la vista, como se desprende del hecho de que solicitara el nombramiento de abogado de oficio y sobre todo de que instara con fecha 8 de octubre la suspensión de dicho acto porque tenía cita para la concesión de abogado de oficio el día 19 siguiente. A la vista de dicha solicitud, no debió por tanto celebrarse la vista señalada para el día 13 de octubre, sino que su suspensión debió de acordarse, conforme a lo dispuesto en el art. 16 de la Ley 1/1996, de Asistencia Jurídica Gratuita. Por todo ello, no puede entenderse que haya habido una inactividad o falta de diligencia en la misma. Lo procedente no era la celebración del acto del juicio, sino la suspensión de la vista y un nuevo señalamiento, en aras de no ocasionarle indefensión, como efectivamente ocurrió, ya que se le privó de la posibilidad de formular alegaciones y proponer pruebas en el acto del juicio, todo lo cual lleva a la estimación del recurso, y a la declaración de nulidad de actuaciones, artículos 238 y siguientes de la LOPJ, en relación con los artículos 225 y siguientes de la LEC, debiendo retrotraer las mismas al momento anterior a la celebración de la vista y procederse por el Secretario judicial a un nuevo señalamiento, ya que la apelante dispone de nuevo Letrado, y dicho defecto quedó subsanado».

2.4.2. Las vistas y las causas para su suspensión

Celebración de la vista en el procedimiento civil

La regulación de las vistas la encontramos en la sección 2.ª del capítulo VII, título V, libro I de la LEC. Esta sección comienza regulando en el art. 182 de la LEC el señalamiento de las vistas:

«1. Corresponderá a los Presidentes de Sala y a los de Sección de los órganos colegiados el señalamiento de fecha y hora para la deliberación y votación de los asuntos que deban fallarse sin celebración de vista.

Del mismo modo, corresponde al Juez o Presidente el señalamiento cuando la decisión de convocar, reanudar o señalar de nuevo un juicio, vista o trámite equivalente se adopte en el transcurso de cualquier acto procesal ya iniciado y que presidan, siempre que puedan hacerla en el mismo acto, y teniendo en cuenta las necesidades de la agenda programada de señalamientos.

2. Los titulares de órganos jurisdiccionales unipersonales y los Presidentes de Sala o Sección en los Tribunales colegiados fijarán los criterios generales y darán las concretas y específicas instrucciones con arreglo a los cuales se realizará el señalamiento de las vistas o trámites equivalentes.

3. Esos criterios e instrucciones abarcarán:

1.º La fijación de los días predeterminados para tal fin, que deberá sujetarse a la disponibilidad de Sala prevista para cada órgano judicial y a la necesaria coordinación con los restantes órganos judiciales.

2.º Horas de audiencia.

3.º Número de señalamientos.

4.º Duración aproximada de la vista en concreto, según hayan podido determinar una vez estudiado el asunto o pleito de que se trate.

5.º Naturaleza y complejidad de los asuntos.

6.º Cualquier otra circunstancia que se estime pertinente.

4. Los Letrados de la Administración de Justicia establecerán la fecha y hora de las vistas o trámites equivalentes sujetándose a los criterios e instrucciones anteriores y gestionando una agenda programada de señalamientos y teniendo en cuenta las siguientes circunstancias:

1.º El orden en que los procedimientos lleguen a estado en que deba celebrarse vista o juicio, salvo las excepciones legalmente establecidas o los casos en que el órgano jurisdiccional excepcionalmente establezca que deben tener preferencia. En tales casos serán antepuestos a los demás cuyo señalamiento no se haya hecho.

2.º La disponibilidad de sala prevista para cada órgano judicial.

3.º La organización de los recursos humanos de la Oficina judicial.

4.º El tiempo que fuera preciso para las citaciones y comparecencias de los peritos y testigos.

5.º La coordinación con el Ministerio Fiscal en los procedimientos en que las leyes prevean su intervención.

5. A medida que se incluyan los señalamientos en la agenda programada y, en todo caso, antes de su notificación a las partes, se dará cuenta al Juez o Presidente. En el caso de que no se ajusten a los criterios e instrucciones establecidos, el Juez o Presidente decidirá sobre señalamiento».

|| Desarrollo de la vista

Para la celebración de las vistas **se podrán emplear todas las horas hábiles y habilitadas del día en una o más sesiones** y, en caso necesario, continuar el día o días siguientes.

CUESTIÓN

¿Qué tiempo debe mediar entre el señalamiento y la celebración de la vista?

Al menos diez días hábiles conforme establece el apdo. 2 del art. 184 de la LEC. Este precepto contempla la posibilidad de que por ley pueda disponerse otra cosa. A modo de ejemplo, podemos citar la **sentencia de la Audiencia Provincial de Sevilla n.º 304/2023, de 13 de julio, ECLI:ES:APSE:2023:1213**, que reza: «Ciertamente el art. 184.2 de la LEC dispone que, salvo en los casos en que la ley disponga otra cosa, entre el señalamiento y la celebración de la vista deberán mediar, al menos, diez días hábiles y es verdad que en este caso la diligencia de ordenación que señalaba la vista para el día 21 de diciembre de 2020 fue notificada a la representación de la parte demandada el 11 de diciembre, no mediando entre las dos fechas el plazo que contempla el precepto, pero ha de tenerse en cuenta que no toda infracción procesal determina la nulidad de las actuaciones, sino solo aquéllas que hayan causado manifiesta indefensión, indefensión que en este caso no se aprecia, puesto que en el acto de la vista el Juez requirió a la parte para que manifestara qué motivos de oposición quería hacer valer y manifestó que el motivo consistía en que la demandada tenía un contrato de arrendamiento verbal a su favor suscrito con el anterior propietario del que no tenía prueba alguna, con lo cual el motivo de oposición nunca hubiera podido prosperar».

Una vez constituido el tribunal, el juez o presidente declarará que se procede a celebrar vista pública, excepto cuando el acto se celebra a puerta cerrada. Iniciada la vista, se relacionarán sucintamente los antecedentes del caso o las cuestiones que hayan de tratarse. A continuación informarán, por su orden, el actor y el demandado o el recurrente y el recurrido, por medio de sus abogados, o las partes mismas, cuando la ley lo permita.

Si se hubiera admitido prueba para el acto de la vista se procederá a su práctica conforme a lo dispuesto en las normas que la regulan. Una vez concluida la práctica de la prueba o, si ésta no se hubiera producido, finalizado el primer turno de intervenciones, el juez o presidente concederá de nuevo la palabra a las partes para rectificar hechos o conceptos y, en su caso, formular concisamente las alegaciones que a su derecho convengan sobre el resultado de las pruebas practicadas.

La dirección de los debates le corresponde al juez o presidente, en caso de vistas celebradas exclusivamente ante el letrado de la Administración de Justicia le compete a este la dirección.

CUESTIÓN

¿Cómo se documenta el desarrollo de la vista?

Conforme señala el art. 187 de la LEC el desarrollo de la vista se registrará en soporte apto para la grabación y reproducción del sonido y de la imagen o si no fuere posible, solo del sonido. Si estos medios de registro no pudieran utilizarse por cualquier causa, la vista se documentará por medio de acta realizada por el letrado de la Administración de Justicia. Asimismo, las partes podrán en todo caso, solicitar a su costa una copia de los soportes en que hubiera quedado grabada la vista.

Nuevo señalamiento y suspensión de la vista

Una vez se ha fijado la fecha para la celebración de la vista puede suceder que algún hecho sobrevenido impida a alguna de las partes o a los abogados de estas acudir el día fijado, para estos casos la LEC regula dos posibilidades que permiten que la vista se celebre en un día distinto.

|| Solicitud de nuevo señalamiento de vista

El art. 183 de la LEC prevé que en caso de que cualquiera de los que hubieren de acudir a una vista le **resultare imposible asistir a ella en el día que se ha señalado, por causa de fuerza mayor u otro motivo de análoga entidad** —nacimiento y cuidado de menor, enfermedad grave y accidente con hospitalización, fallecimiento de cónyuge o de persona a la que estuviese unido en relación análoga al matrimonio, fallecimiento de parientes hasta segundo grado de consanguinidad o afinidad o baja laboral certificada por la seguridad social o sistema sanitario o de previsión social equivalente—, **lo manifestará de inmediato al tribunal, acreditando cumplidamente la causa o motivo y solicitando señalamiento de nueva vista o resolución que atienda a la situación**.

La resolución que debe adoptar el letrado de la Administración de Justicia dependerá de la persona que alegue la imposibilidad de acudir a la vista:

- En caso de que sea el **profesional de la abogacía** de una de las partes, si se considerase atendible y acreditada la situación que se alegue el letrado de la Administración de Justicia hará un **nuevo señalamiento**.

- Cuando sea la **parte**, si se considerase atendible y acreditada la situación que se alegue el letrado de la Administración de Justicia efectuará **nuevo señalamiento en procesos en los que la parte no esté asistida de abogado o representada por procurador o, en caso de estar asistida o representada, sea necesaria la presencia personal de la part**e. En particular, si la parte hubiese sido citada a la vista para responder al interrogatorio regulado en los artículos 301 y siguientes de la LEC.

- Un **testigo o perito** que haya sido citado a vista por el tribunal el letrado de la Administración de Justicia dispondrá que **se oiga a las partes por plazo común de tres días** sobre si se deja sin efecto el señalamiento de la vista y se efectúa uno nuevo o si se cita al testigo o perito para la práctica de la actuación probatoria fuera de la vista señalada. Transcurrido el plazo, el tribunal decidirá lo que estime conveniente, y si no considerase atendible o acreditada la excusa del testigo o del perito, mantendrá el señalamiento de la vista.

> **A TENER EN CUENTA**. Cuando el LAJ al resolver la alegación de imposibilidad entienda que quien realiza la alegación ha podido proceder con dilación injustificada o sin fundamento alguno, dará cuenta al juez o tribunal, quien podrá imponerles multa de hasta seiscientos euros, sin perjuicio de los que el LAJ resuelva sobre el nuevo señalamiento —art. 183.6 de la LEC—.

|| Suspensión de la vista

El art. 188 de la LEC se encarga de regular la suspensión de las vistas y de otros actos procesales señalando en su apartado primero los **supuestos en los que podrán suspenderse:**

1º.- Por impedirla la **continuación de otra vista pendiente** del día anterior.

2º.- Por **faltar el número de magistrados necesario** para dictar resolución o por indisposición sobrevenida del juez o el letrado de la Administración de Justicia, si no pudiere ser sustituido.

3.º.- Por **solicitarlo de acuerdo las partes**, alegando justa causa a juicio del LAJ.

4º.- Por **imposibilidad absoluta de cualquiera de las partes citadas** para ser interrogadas en el juicio o vista, siempre que tal imposibilidad, justificada suficientemente a juicio del LAJ se hubiese producido cuando ya no fuere posible solicitar nuevo señalamiento conforme al art. 183 de la LEC.

5º.- Por **muerte, enfermedad o imposibilidad absoluta, baja por nacimiento y cuidado de menor** —son equiparables otras situaciones análogas previstas en otros sistemas de previsión social— **del abogado/a** de la parte que pidiere la suspensión o cualquier otra de las circunstancias previstas en el art. 179.3 de la LEC. Las circunstancias alegadas deben estar justificadas suficientemente, a juicio del LAJ. **Procederá la suspensión siempre que tales hechos se hubiesen producido cuando ya no fuere posible solicitar un nuevo señalamiento conforme al art. 183 de la LEC, se garantice el derecho a la tutela judicial efectiva y no se cause indefensión.**

En caso de enfermedad, no basta con la simple alegación de una enfermedad, sino que la misma debe resultar justificada. Así, en la **sentencia de la Audiencia Provincial de Almería n.º 374/2025, de 12 de septiembre, ECLI:ES:APAL:2025:1384,** un abogado que no acude a la vista del juicio pero alega enfermedad y presenta el justificante de dicha enfermedad tres días después de la celebración del juicio, en el que tan solo se hace constar lo que el paciente refiere, sin evidencias médicas de tales alegatos. No se aporta tampoco ningún parte médico de asistencia del día de los hechos, lo que determina que las aseveraciones verificadas en el justificante médico no permitan acreditar que el abogado, en este caso, estuviese imposibilitado para comparecer al acto del juicio, ya que la documentación médica que aporta no es del día del juicio sino de días posteriores, desconociéndose, por tanto, como se encontraba el abogado el día del juicio en cuestión.

En los casos de urgencia médica ocurrida el mismo día de un señalamiento o dentro de las 24 horas inmediatamente anteriores, para la suspensión bastará la aportación de cualquier medio que permita al tribunal tener conocimiento de la situación generadora de la necesidad de suspensión, sin perjuicio de su necesaria acreditación posterior.

CUESTIONES

1. ¿Qué ocurre si alguna de estas circunstancias afectara al procurador?

Para este caso, el apdo. 1.5.º del art. 188 de la LEC en su último párrafo señala que cuando las circunstancias afectaren al procurador de una de las partes sin la oportunidad de poder designar, en ese momento, profesional que le sustituya, se suspenderá igualmente la celebración de la vista, que no podrá volver a señalarse hasta tres días después, con objeto de que el colegio de procuradores pueda, en su caso, organizar debidamente su sustitución.

2. ¿Procede la suspensión si quien se indispone es el letrado sustituto?

La Audiencia Provincial de Granada ha admitido la suspensión en este supuesto, así el **auto n.º 93/2021, de 23 de abril, ECLI:ES:APGR:2021:402A,** razona: «Por consiguiente, ha quedado demostrada la existencia de causa justificada que le impidió al letrado que iba a asistir al actor a la audiencia previa comparecer a la misma. El motivo de suspensión resulta aplicable al letrado que iba a sustituir a la abogada firmante de la demanda, habida cuenta de que se ha probado el encargo de sustitución para dicho acto, sin que conste oposición alguna de la parte (...)».

3. ¿Procede la suspensión por huelga de abogados y procuradores de oficio?

Esta cuestión ha sido resuelta por la **sentencia de la Audiencia Provincial de Zaragoza n.º 350/2025, de 26 de septiembre, ECLI:ES:APZ:2025:2272,** que señala que cuando exista conflicto entre el ejercicio del derecho a la huelga por parte de los letrados del turno de oficio que el recurrente invoca y el derecho del justiciable que carece de medios para litigar a la tutela judicial efectiva y a un juicio sin dilaciones indebidas, debe ser resuelto en favor de este último, atendiendo al contenido de la normativa vigente y al principio de igualdad de quien carece de medios para litigar frente a quien si dispone de ellos, pues a ambos les asiste un derecho a que el procedimiento que el concierne se examine en plazo y sin dilaciones indebidas.

En el caso analizado en la sentencia la magistrada llegó a aceptar la posibilidad de suspensión del juicio con un nuevo señalamiento en fecha posterior, pero la pretensión del letrado era que se acordara una suspensión indefinida del señalamiento, sin admitir su celebración en una fecha ulterior, con la posible relevancia que la paralización del procedimiento podría conllevar a efectos de prescripción del delito cometido, lo que corrobora que la decisión adoptada por la magistrada fue adecuada a la legalidad.

Las causas de suspensión reguladas en el art. 188.1 de la LEC apartados 4.º y 5.º se refieren a la «imposibilidad absoluta» para asistir al juicio o vista cualquiera de las partes o del abogado, los tribunales han establecido las condiciones para que pueda apreciarse dicha imposibilidad señalando a este respecto la **SAP de Barcelona n.º 320/2015, de 21 de octubre, ECLI:ES:APB:2015:9731**:

«Centrado así el motivo de la apelación, es lo cierto que el artículo 188.4º, de la Ley de Enjuiciamiento Civil, permite solicitar la suspensión de las vistas sólo por "imposibilidad absoluta" de cualquiera de las partes para asistir a la vista. Y el artículo 183 de la Ley de Enjuiciamiento Civil permite a las partes la solicitud de nuevo señalamiento de vista cuando a cualquiera de los que hubieren de acudir a la vista les resultare "imposible" asistir a ella en el día señalado, "por causa de fuerza mayor u otro motivo de análoga entidad", siendo así que en relación con la fuerza mayor exigida, y que se encuentra regulada en el artículo 1105 del Código Civil , aplicable supletoriamente según el artículo 4.3 del mismo texto legal , es doctrina reiterada (Sentencias del Tribunal Supremo de 7 de Abril de 1965 , 9 y 10 de Junio , y 31 de Octubre de 1986 , 6 de Abril de 1987 , y 28 de Febrero de 1991), que para que exista la irresponsabilidad que tal precepto establece se precisa que el suceso sea imprevisible o insuperable e irresistible, y que por tanto no se deba a la voluntad del obligado; que haga imposible el cumplimiento de la obligación; así como que haya relación entre el evento y el resultado. En este sentido, es igualmente doctrina reiterada (Sentencias del Tribunal Supremo de 2 de abril y 15 de diciembre de 1996 , y 20 de julio de 2000), que para que pueda apreciarse el estado de fuerza mayor ha de tratarse una fuerza superior a todo control y previsión, y que excluya toda intervención de culpa de los obligados.

Las suspensiones que acuerde el LAJ se harán saber en el mismo día o en el siguiente día hábil al tribunal y se comunicará a las partes personadas y a quienes hubiesen sido citados judicialmente en calidad de testigos, peritos o en otra condición».

Además estos apartados exigen que la causa que se alega como impeditiva se encuentra justificada suficientemente correspondiendo la carga de la prueba de la imposibilidad sobre la parte que solicita la suspensión, así lo ha declarado la Audiencia Provincial de Barcelona en la **sentencia n.º 720/2008, de 9 de diciembre, ECLI:ES:APB:2008:11457**, «*Por otro lado, el artículo 188,2 ° y 4°, de la Ley de Enjuiciamiento Civil , exige que la imposibilidad absoluta de la parte para asistir a la vista sea en todo caso "justificada suficientemente a juicio del tribunal", lo cual significa que la carga de la prueba de la imposibilidad recae sobre la parte que solicita la suspensión, como no podía ser de otra manera, de acuerdo con la norma general de distribución de la carga de la prueba del artículo 217 de la Ley de Enjuiciamiento Civil , que pone a cargo del solicitante la prueba del hecho positivo y constitutivo en el que se funda la pretensión. Y además se exige que la justificación que aporte la solicitante de la suspensión, sea suficiente, es decir que constituya un principio de prueba del hecho que motiva la suspensión, siendo mayor el rigor probatorio exigible a la solicitante atendido que no se permite a la otra parte la producción de prueba en contrario, resolviéndose la solicitud de suspensión con la audiencia y la justificación aportada sólo por la solicitante*». Señalando con relación a la prueba la **SAP de Tarragona n.º 144/2023, de 1 de marzo, ECLI:ES:APT:2023:323** «*(...) , no sólo basta una alegación, sino que ésta ha de ir acompañada de la prueba documental necesaria para que tenga veracidad y por tanto quedé debidamente justificada la imposibilidad tal y como indica el precepto anteriormente referenciado (...)*».

6º.- Por **tener el abogado defensor dos señalamientos de vista para el mismo día** en distintos tribunales, resultando imposible, por el horario fijado o por la distancia existente entre ambos órganos judiciales, su asistencia a ambos, **siempre que acredite suficientemente que, al amparo del art. 183, intentó sin resultado, un nuevo señalamiento** que evitara la coincidencia.

CUESTIÓN

En un supuesto en el que se solicitó la suspensión al tribunal por coincidir dos señalamientos, la misma fue rechazada y el abogado, ante la imposibilidad de acudir a los dos, no se presenta al juicio que se celebra igualmente. ¿Cabría alegar indefensión y vulneración del derecho a la tutela judicial efectiva por la falta de asistencia al juicio?

Tal y como se recoge en la **sentencia del Audiencia Provincial de Cádiz n.º 982/2022, de 24 de octubre, ECLI:ES:APCA:2022:2348**, debería haberse recurrido la diligencia de ordenación en la que se denegaba la suspensión acordada, por lo que no cabe que ahora invoque la vulneración de su derecho a la tutela judicial efectiva.

> *«Ciertamente podía sostenerse la suspensión del juicio pues la entidad del proceso penal al que debía acudir el letrado de la parte actora en el presente procedimiento a buen seguro sobrepasaba la hora de diferencia entre uno y otro que es lo que podía justificar la denegación de la suspensión acordada por diligencia de ordenación. Pero es más que evidente que ante esa resolución judicial(la diligencia de ordenación denegatoria de la suspensión) la parte apelante, desplegando la diligencia debida, pudo y debió recurrir dicha Diligencia en reposición, agotando los cauces procesales, determinando la ausencia de acción una pasividad que es la que ha determinado que la actuación procesal se celebrara sin la presencia de la representación y defensa de la apelante y es la que al fin y a la postre ha determinado la indefensión denunciada. Como señala la jurisprudencia del Tribunal Constitucional ""para que la indefensión alcance dimensión constitucional, es necesario que sea imputable y que tenga su origen inmediato y directo en actos u omisiones de los órganos judiciales; esto es, que sea causada por la incorrecta actuación del órgano jurisdiccional, estando excluida del ámbito protector del art. 24 CE la indefensión debida a la pasividad, desinterés, negligencia, error técnico o impericia de la parte o de los profesionales que la representen o defiendan" (por todas, STC 179/2014, de 3 de noviembre, FJ 3) Por lo expuesto, y no habiendo recurrido la parte la diligencia de ordenación que le fue debidamente notificada, no cabe que ahora invoque la vulneración de su derecho a la tutela judicial efectiva por la falta de asistencia al juicio cuando la denegación de la suspensión le fue notificada y no fue recurrida».*

El propio art. 183.1.6.º de la LEC establece la preferencia de las vistas:

- Tendrá preferencia la vista relativa a causa criminal con preso o menor internado, niño/a o adolescente víctima de violencia.
- En defecto de la anterior, la del señalamiento más antiguo.
- Si los dos señalamientos fuesen de la misma fecha, se suspenderá la vista correspondiente al procedimiento más moderno.

CUESTIÓN

Para determinar la causa del señalamiento más antiguo, ¿qué fecha debe tenerse en cuenta?, ¿la del momento en que se fija la fecha de la vista o la de notificación a la parte?

La fecha que determina la causa con el señalamiento más antiguo es la del momento en que se fija la fecha de la vista, así lo ha puntualizado la Audiencia Provincial de Jaén en la **sentencia n.º 263/2011, de 15 de noviembre, ECLI:ES:APJ:2011:889**, en la que argumenta que «No puede admitirse en definitiva la alegación de que por una interpretación lógica, el legislador se ha querido referir al señalamiento cuya notificación o comunicación se hubiese efectuado antes a la parte, pues si así lo hubiese querido la redacción del precepto hubiese sido ésta, sin que además pueda servir de apoyo que sustente dicha postura el que de no atender a la antigüedad de tal comunicación se pudieran producir disfunciones susceptibles de originar indefensión a las partes, porque aun siendo cierto que las mismas se pudieran producir en los supuestos de retraso desmesurado en la materialización del emplazamiento o citación en los casos en que el mismo se haga vía exhorto, por la tardanza en su cumplimentación o por falta de localización del domicilio del demandado como se alega, lógicamente el propio carácter general de la ley, hace que no pueda prever toda la casuística y menos las de supuestos extremos y patológicos que se refieren,

> debiendo tratar de comprender la mayoría en base a criterios objetivos como también ocurre en el supuesto analizado, pudiendo argumentar en contra de lo alegado no sólo ya las numerosas disfunciones que sí que se producirían ante una libre y subjetiva interpretación como la propuesta amén de la incertidumbre e inseguridad jurídica que supondría atender a un criterio tan variable en cuanto que se hace depender de una multiplicidad de factores, sino la indefensión que se provocaría a todos aquellos justiciables a los que notificados en tiempo el señalamiento más antiguo, verían de forma aun más injusta postergado aquel y abocados a otro nuevo también en atención a las posibilidades del Tribunal, a favor del más reciente o moderno».

No se acordará la suspensión de la vista si la comunicación de la solicitud para que aquella se acuerde se produce con más de tres días de retraso desde la notificación del señalamiento que se reciba en segundo lugar. A estos efectos deberá acompañarse con la solicitud copia de la notificación del citado señalamiento. Esto no será de aplicación a las vistas relativas a causa criminal con preso o menor internado, sin perjuicio de la responsabilidad en que se hubiera podido incurrir.

7°.- Por **haberse acordado la suspensión del curso de las actuaciones** o resultar procedente tal suspensión de acuerdo con lo dispuesto por la LEC.

8°.- Por **imposibilidad técnica** en los casos que, habiéndose acordado la celebración de la vista o la asistencia de algún interviniente por medio de videoconferencia, no se pudiera realizar la misma en las condiciones necesarias para el buen desarrollo de la vista. Esto es aplicable al supuesto en el que se haya acordado la celebración telemática de una vista oral y el órgano judicial no disponga de los medios técnicos para evacuar el traslado de la prueba documental a la parte contraria, así lo señala la **sentencia del Tribunal Supremo n.º 756/2024, de 29 de mayo, ECLI:ES:TS:2024:2985**.

RESOLUCIÓN RELEVANTE

Sentencia de la Audiencia Provincial de Madrid n.º 272/2011, de 26 de septiembre, ECLI:ES:APM:2011:15151

«(...) la doctrina del Tribunal Constitucional emanada respecto a la no suspensión de vistas por alegada imposibilidad de alguna de las partes o sus defensores, que se resume de la siguiente forma: 1° En aras a la protección del derecho a la tutela efectiva, las normas que regulan la suspensión de actos procesales, merecen "una interpretación flexible y antiformalista de esta norma (SSTC 237/1988 , 21/1990 , 9/1993 , 218/1993 , 373/1993 , 86/1994 , 196/1994), congruente con el propósito del legislador, que no es otro que el de restringir en lo posible las suspensiones inmotivadas o solapadamente dilatorias (STC 3/1993 y 195/1999 , sentencia esta última referida a la incomparecencia al juicio laboral, pero igualmente aplicable a cualquier otra clase de proceso). 2° Como ningún derecho fundamental es ilimitado y, en concreto los derechos procesales de una de las partes se contrarrestan o compensan con los de la parte contraria, ha advertido el Tribunal Constitucional que "tal interpretación no puede amparar actitudes carentes de la diligencia debida por parte del interesado, lesivas del derecho a la tutela judicial efectiva de la contraparte, de la garantía a un proceso sin dilaciones indebidas o a la regularidad, buen funcionamiento y, en definitiva, integridad objetiva del proceso (SSTC 373/1993 , 86/1994 , 196/1994 "). 3° Naturalmente, la realidad de la causa de suspensión que se invoque "ha de ser adverada, con eficacia probatoria y fuerza de convicción suficiente para llevar al ánimo del juzgador la veracidad de la circunstancia impeditiva de la asistencia (SSTC

*3/1993) y, en todo caso, es al órgano judicial a quien corresponde apreciar la con-
currencia de las circunstancias imposibilitantes de la comparecencia para acordar
la suspensión del juicio, decisión que no admite discrecionalidad alguna pues se ha
de adoptar en función de circunstancias concretas, probadas e idóneas para justificar la suspensión, adecuación que es revisable en vía de recurso (SSTC 237/1988,
9/1993)". En cuanto al momento procesal en el que la causa de la incomparecencia
ha de ser puesta en conocimiento del órgano judicial, se ha exigido el aviso previo,
pero, excepcionalmente, también se ha admitido "la justificación a posteriori de la
causa de inasistencia concurrida cuando, concretamente, la enfermedad constituya un acontecimiento imprevisible, que además a tenor de las circunstancias
concurrentes tenga una capacidad obstativa o paralizante de la actividad normal
del sujeto (SSTC 21/1989 , 9/1993 y 218/1993 , 195/1999 y 112/2002)". Todo lo cual,
como recuerda la STC 115/02 , ha de ser apreciado teniendo muy presentes las circunstancias de todo orden concurrentes, con objeto de decidir si, efectivamente,
ha podido existir una vulneración de los derechos fundamentales reconocidos en el
artículo 24.1 de la Constitución».*

El régimen de suspensión de las vistas será de aplicación, en lo que proceda, a los demás actos procesales que estuvieren señalados.

**Al acordar la suspensión de la vista el letrado de la Administración de
Justicia hará un nuevo señalamiento**, y en caso de que no fuera posible lo
hará tan pronto como desaparezca el motivo que la ocasionó. El **nuevo señalamiento se hará para el día más inmediato posible** sin alterar el orden
de los que ya estuvieren hechos. En caso de que la suspensión se deba a
los casos y con los límites señalados en el art. 179.3 de la LEC —accidente,
enfermedad, nacimiento y cuidado de menor— se respetará en la fecha del
nuevo señalamiento el período de baja obligatoria que, por enfermedad, nacimiento o cuidado de menor, tuviere establecido la persona profesional de
la abogacía.

> **A TENER EN CUENTA**. El art. 189 bis de la LEC señala que «Se estará al conte-
> nido de los artículos 188 y 189, en lo que resultaren de aplicación, para las com-
> parecencias a celebrar exclusivamente ante el Letrado de la Administración de
> Justicia».

|| Cambio del personal juzgador

Otra de las causas que puede ocasionar el desarrollo normal de la vista es
el cambio del juez o de alguno de los magistrados, para este supuesto el art.
190 de la LEC señala que cuando después de efectuado el señalamiento y
antes de la celebración de la vista se produzca el cambio, tan pronto como
ello ocurra y, en todo caso, antes de darse principio a la vista, se harán saber
dichos cambios a las partes, sin perjuicio de la celebración de la vista, a no
ser que en el acto fuese recusado el nuevo juez o magistrado.

En caso de que se formule recusación se suspenderá la vista y se trami-
tará el incidente según lo dispuesto en la LEC, haciéndose el nuevo señalamiento una vez que se resuelva la recusación.

CUESTIÓN

¿Qué ocurre en caso de que el cambio del juez o magistrado se produzca una vez celebrada la vista?

En este supuesto el art. 191 de la LEC establece que si el tribunal fuera unipersonal dejará el juez transcurrir tres días antes de dictar la resolución y si se tratare de tribunal colegiado se suspenderá por tres días la discusión y votación de la misma.

Una vez celebrada la vista solo es posible la recusación basada en causas que no hubieran podido conocerse antes del comienzo de la vista, los efectos de esta recusación serán los siguientes conforme establece el art. 192 de la LEC:

- Si se declarase procedente la recusación formulada quedará sin efecto la vista y se verificará de nuevo en el día más próximo que pueda señalarse, ante juez o con magistrados hábiles en sustitución de los recusados.

- Cuando se declare no haber lugar a la recusación, dictarán la resolución el juez o los magistrados que hubieren asistidos a la vista, comenzando a correr el plazo para dictarla al día siguiente de la fecha en que se hubiese decidido sobre la recusación.

A TENER EN CUENTA. El art. 192 bis de la LEC señala que todo lo dispuesto en relación con el cambio del personal juzgador será de aplicación a los letrados de la Administración de Justicia respecto a aquellas actuaciones que hayan de celebrarse únicamente ante ellos.

Interrupción de las vistas

El art. 193 de la LEC se encarga de regular la interrupción de la vista una vez que la misma se ha iniciado. En primer lugar, establece los **supuestos en los que puede interrumpirse la celebración de la vista**:

- Cuando el tribunal deba **resolver alguna cuestión incidental** que no pueda decidir en el acto.

- Cuando se **deba practicar alguna diligencia de prueba fuera de la sede del tribunal** y no pudiera verificarse en el tiempo intermedio entre una y otra sesión.

- Cuando **no comparezcan los testigos o peritos citados judicialmente** y el tribunal considere imprescindible la declaración o el informe de los mismos.

- Cuando, después de iniciada la vista, **se produzca alguna de las circunstancias que habrían determinado la suspensión de la celebración**, y así se acuerde por el juez o presidente.

CUESTIÓN

Un/a abogado/a en el inicio del acto de la vista anuncia su voluntad de desistir de la defensa por discrepancias surgidas con su cliente, solicitando la suspensión del acto. El tribunal no accede a la petición al entender que no había motivo legal para la suspensión de la vista. ¿Puede producirse la nulidad del acto por indefensión?

Sí, en los casos en que sea preceptiva la intervención de letrado. En un supuesto como el descrito ha resuelto la Audiencia Provincial de Sevilla reconociendo la nulidad del acto de la vista, argumentado en la **sentencia, rec. 6789/2004, de 22 de noviembre, ECLI:ES:APSE:2004:4425,** lo siguiente:

«Aunque el desistimiento por el Abogado de una de las partes al inicio de la celebración de un acto procesal como el juicio no esté expresamente prevista en el art. 188 de la LEC como motivo de suspensión ni en el art. 193 LEC como motivo de interrupción, seguramente por lo poco habitual e infrecuente del hecho, lo cierto es que la situación creada por tal renuncia del Letrado a continuar en la defensa de su cliente resulta anómala por lo imprevisible, y obliga al Juez a adoptar decisiones excepcionales no contempladas por las normas procesales mediante las que salvaguarde ante todo el derecho fundamental consagrado en el art. 24 CE de defensa y asistencia de letrado, con estricto cumplimiento de la obligación que establece el art. 546.1 de la LOPJ que impone a los poderes públicos la obligación de "garantizar la defensa y la asistencia de abogado, en los términos establecidos en la Constitución y en las leyes", y evite al mismo tiempo la nulidad de pleno derecho del acto, el cual resulta nulo cuando se realice sin intervención de Abogado, en los casos en que la ley la establezca como preceptiva, conforme dispone el art. 225.4º de la LEC y el art. 238.4 de la LOPJ . Y es que una cosa es que no asista al juicio la parte, lo que no impide su celebración (art. 432.2 LEC), y otra distinta es que comparezca (en el acto estaba presente el Procurador demandante D. Antonio Candil del Olmo), pero se celebre el acto sin intervención de Abogado al no disponer de él el demandante por renuncia del mismo manifestada en el inicio de la vista, siendo preceptiva la intervención de Letrado, pues el acto procesal celebrado sin que la parte tenga designado Abogado en un proceso en el que es preceptiva su intervención es nulo».

La vista se reanudará una vez que haya desaparecido la causa que motivó la interrupción.

Con relación a la competencia para fijar la fecha para reanudar la vista el art. 193.3 de la LEC establece:

«Cuando pueda reanudarse la vista dentro de los veinte días siguientes a su interrupción, así como en todos los casos en que el nuevo señalamiento pueda realizarse al mismo tiempo de acordar la interrupción, se hará por el Juez o Presidente, que tendrá en cuenta las necesidades de la agenda programada de señalamientos y las demás circunstancias contenidas en el artículo 182.4.

Cuando no pueda reanudarse la vista dentro de los veinte días siguientes a su interrupción ni pueda señalarse nueva fecha en el mismo acto, la fecha se fijará por el Letrado de la Administración de Justicia, conforme a las previsiones del artículo 182, para la fecha más inmediata posible».

Imposibilidad del juez, magistrado o LAJ para resolver tras la vista

Los asuntos que deban fallarse después de la celebración de una vista o juicio, la redacción y firma de la resolución —en caso de órgano colegiado, la deliberación y votación— se realizarán por el juez o por los magistrados que haya asistido a la vista o juicio, aunque después de esta hubieran dejado de ejercer sus funciones en el tribunal que conozca del asunto. Se exceptúan:

- Los jueces o magistrados que hubiesen perdido su condición, salvo los jubilados por edad y los jueces sustitutos y magistrados suplentes que hayan cesado en el cargo por renuncia, transcurso del plazo para el que fueron nombrados o por cumplir la edad de setenta y dos años.

- Hubiesen sido suspendidos del ejercicio de sus funciones.

- Hubiesen accedido a cargo público o profesión incompatible con el ejercicio de la función jurisdiccional o pasado a la situación de excedencia voluntaria para presentarse como candidatos a cargos de elección popular.

Los artículos 199 y 200 de la LEC se refieren a los supuestos en los que el juez, magistrado o LAJ que hubiera asistido a la vista se viesen imposibilitados para resolver.

En primer lugar el art. 199 de la LEC se refiere a la imposibilidad del magistrado para asistir a la discusión y votación:

- El magistrado dará su voto por escrito, fundado y firmado, y lo remitirá al presidente del tribunal —si no pudiere firmar se valdrá del/de la LAJ—.

- Cuando no pudiere votar de la forma anterior, se decidirá el asunto por los demás magistrados que hubieran asistido a la vista, si compusiesen los necesarios para formar mayoría.

- No habiendo magistrados suficientes para formar mayoría, se procederá a una nueva vista a la que asistirán los que hubieran concurrido a la anterior y el que deba sustituir al impedido —en este caso resultan de aplicación los arts. 190 a 192 de la LEC—.

Mientras que, el art. 200 de la LEC regula los supuestos de impedimento del juez del órgano unipersonal, señalando para este caso que deberá celebrarse nueva vista presidida por el juez que sustituya al impedido. De la misma forma se procederá cuando se encuentre imposibilitado el/la letrado/a de la Administración de Justicia ante el que se celebró la comparecencia.

3.
LA SUSPENSIÓN DEL JUICIO ORAL EN EL ORDEN PENAL

La suspensión del juicio oral en el orden penal

En el proceso penal podemos afirmar que el juicio oral es la fase principal y más importante del mismo, por lo cual su celebración, con todas las garantías, va a marcar la resolución del procedimiento.

Siendo esta la fase más destacada, y teniendo en consideración el alto número de juicios orales que se suspenden, y los enormes perjuicios que se ocasionan con estas suspensiones, no solo a la Administración de Justicia en general, si no a los intervinientes en el proceso (partes, testigos, peritos...), resulta oportuno detenernos en el análisis de esta suspensión partiendo de los principios que rigen durante la fase de juicio oral, y de las causas que se regulan en la LECrim para permitir dicha suspensión.

3.1. Los principios que rigen el juicio oral

¿Cuáles son los principios más destacados del juicio oral en el orden penal?

Como principales principios del proceso penal que tienen relación con la suspensión de los juicios orales cabe citar los siguientes:

- Principio de oralidad.
- Principio de inmediación.
- Principio de publicidad.
- Principio de concentración

Sobre la importancia de estos principios podemos citar por ejemplo la **sentencia del Tribunal Supremo n.º 497/2016, de 9 de junio, ECLI:ES:TS:2016:2940**, que, mentando la **STS n.º 1357/2002, de 15 de julio, ECLI:ES:TS:2002:5289**, recoge:

> «la presunción de inocencia, por otra parte, implica que la carga de la prueba recae, en principio, sobre las partes acusadoras, que la convicción del Juez o Tribunal -a los que corresponde valorar en conciencia las pruebas practicadas (art. 117.3 CE y art. 741 LECrim)- ha de obtenerse mediante las pruebas practicadas en el juicio oral bajo la vigencia de los **principios de inmediación, publicidad, oralidad y contradicción**, salvo los supuestos de la prueba anticipada o preconstituida en los casos legalmente permitidos, lo que no es óbice para que también puedan tenerse en cuenta a tal fin las diligencias practicadas en la fase de instrucción cuando lo hayan sido con plena observancia de las correspondientes garantías legales y constitucionales y hayan sido introducidas en el juicio oral con posibilidades de contradicción».

O la **STS n.º 507/2023, de 28 de junio, ECLI:ES:TS:2023:2870,** que resalta la importancia de estos principios en los siguientes términos:

> «(...) el derecho a un proceso con todas las garantías exige, como regla general, que los medios de prueba se practiquen en el seno del juicio oral con plenitud de garantías de **publicidad, oralidad, contradicción e inmediación** (por todas, SSTC 31/1981, de 28 de julio, FJ 3; 206/2003, de 1 de diciembre, FJ 2; 134/2010, de 3 de diciembre, FJ 3, o 174/2011, de 7 de noviembre, FJ 3)».

|| Principio de oralidad

Este principio implica que las partes deben realizar sus alegaciones de forma oral, al igual que la práctica de pruebas que, si bien, será inminentemente oral, podrán acompañarse documentos, pruebas, informes... Y es que ya el apartado 2 del artículo 120 de la Constitución española recoge este principio cuando dispone:

> «El procedimiento será predominantemente oral, sobre todo en materia criminal».

También el apartado 1 del artículo 229 de la Ley Orgánica del Poder Judicial alude a esta oralidad estableciendo: «*Las actuaciones judiciales serán predominantemente orales, sobre todo en materia criminal, sin perjuicio de su documentación*».

CUESTIÓN

¿Puede acudirse a casación por no haberse observado el principio de oralidad durante el juicio oral?

El Tribunal Supremo da respuesta a esta cuestión en su **STS n.º 991/2021, de 16 de diciembre, ECLI:ES:TS:2021:4910,** al disponer: «(...) Es decir, el control casacional a la presunción de inocencia se extenderá a la constatación de la existencia de una actividad probatoria sobre todos y cada uno de los elementos del tipo penal, con examen de la denominada disciplina de garantía de la prueba, y del proceso de formación de la prueba, por su obtención de acuerdo a los principios de inmediación, oralidad, contradicción efectiva y publicidad (...)».

|| Principio de inmediación

Este principio aparece definido en el Diccionario del Español Jurídico de la RAE entendiéndolo como aquel por el que los jueces y las jueces, magistrados/as del tribunal, así como los/las letrados/as de la Administración de Justicia, en relación con las funciones que le son propias, habrán de estar presentes en la práctica de las pruebas y en aquellos otros actos que deban llevarse a cabo contradictoria y públicamente.

Este principio tiene su reflejo en el art. 741 de la LECrim, que en su primer párrafo dispone que: «*El Tribunal, apreciando según su conciencia las pruebas practicadas en el juicio, las razones expuestas por la acusación y la defensa y lo manifestado por los mismos procesados, dictará sentencia dentro del término fijado en esta Ley*».

También lo recoge el artículo 229 de la Ley Orgánica del Poder Judicial, que en su apartado segundo señala:

> «Las declaraciones, interrogatorios, testimonios, careos, exploraciones, informes, ratificación de los periciales y vistas, se llevarán a efecto ante juez o tribunal con presencia o intervención, en su caso, de las partes y en audiencia pública, salvo lo dispuesto en la ley».

El Tribunal Supremo resalta la importancia de este principio rector del derecho penal, y así cabe citar, entre otras, la **STS n.º 425/2023, de 1 de junio, ECLI:ES:TS:2023:2595**, la **STS n.º1174/2024, de 19 de diciembre, ECLI:ES:TS:2024:6226**, o las **SSTS n.º 870/2025, de 23 de octubre, ECLI:ES:TS:2025:5024**, y **n.º 940/2025, de 13 de noviembre, ECLI:ES:TS:2025:5212**, de las que se infiere:

> «En todo caso, la doctrina constitucional y la jurisprudencia de esta Sala, han proclamado que el control de la calidad concluyente de la inferencia debe de ser especialmente prudente, puesto que son **los órganos judiciales de instancia quienes, en virtud del principio de inmediación, tienen un conocimiento cabal, completo y obtenido con todas las garantías, del acervo probatorio**, de modo que sólo puede considerarse insuficiente la conclusión probatoria a la que hayan llegado los órganos judiciales desde las exigencias del derecho a la presunción de inocencia si, a la vista de la motivación judicial de la valoración del conjunto de la prueba, cabe apreciar de un modo indubitado, desde una perspectiva objetiva y externa, que la versión judicial de los hechos es más improbable que probable (SSTC 300/2005, de 21 de noviembre o 123/2006 de 24 de abril, entre otras)».

|| Principio de publicidad

Este principio aparece reflejado en la Constitución española, ya que en el art. 24 ya se reconoce el derecho a un proceso público, y en el art. 120, en su apartado primero dispone que «*Las actuaciones judiciales serán públicas, con las excepciones que prevean las leyes de procedimiento*». Es tal la importancia de este derecho que incluso aparece recogido en el art. 11 de la Declaración Universal de los Derechos Humanos, que habla del derecho a un juicio público.

Tal y como recoge la **STS n.°477/2020, de 28 de septiembre, ECLI:ES:TS:2020:2986**:

> «La Constitución establece en su art. 120 el principio general de publicidad de las actuaciones judiciales. **Esta característica queda ligada al derecho fundamental a la tutela judicial efectiva**, previsto en el art. 24 de la misma norma, en virtud del cual podrán establecerse eventuales limitaciones al derecho a la información.
>
> La publicidad se encuentra plasmada en otras muchas disposiciones constitucionales (art. 9.3 y 91 CE) y supranacionales (art. 14 PIDCP); art. 6.1. CEDH), que la reconocen y, en ocasiones, admiten expresamente su exclusión. Con todo ello, la publicidad se configura como una norma rectora y fundamental, si bien no como exigencia de carácter absoluto puesto que es posible el establecimiento de excepciones, siempre que estén previstas en las leyes procesales y que gocen de justificación razonable. Se contienen excepciones a la publicidad en los arts. 301, 301 bis y 302 LECrim., que nos llevan a concluir que '**la verdadera expresión de la publicidad se produce durante la fase de la oralidad o de validación realizada en el acto del juicio**».

Si acudimos a la definición que recoge el Diccionario del Español Jurídico de la RAE del principio de publicidad nos encontramos que se trata de:

> «Principio referido a la publicidad de las actuaciones judiciales desarrolladas en toda clase de procesos y que permite distinguir, de una parte, la publicidad de las actuaciones procesales que se encuentran en trámite, lo que significa que las mismas han de llevarse a efecto ante el órgano judicial, en audiencia pública, y, de otra parte, la publicidad procesal en su vertiente de derecho a la información y el acceso a las actuaciones procesales ya finalizadas, incluidas las sentencias, integradas en libros, archivos o registros judiciales».

El art. 680 de la LECrim recoge expresamente que los debates del juicio oral serán públicos, bajo pena de nulidad, sin perjuicio de que el juez o tribunal, de oficio o a instancia de alguna de las partes, pueda acordar que todos o alguno de los actos o las sesiones del juicio se celebren a puerta cerrada, cuando se dé alguno de los siguientes motivos:

- Por razones de seguridad u orden público.
- Para la adecuada protección de los derechos fundamentales de los intervinientes en particular, el derecho a la intimidad de la víctima.
- Por el debido respeto a la víctima o a su familia.
- Cuando resulte necesario para evitar a las víctimas perjuicios relevantes que podrían derivarse del desarrollo ordinario del proceso.

CUESTIÓN

¿Quién no puede verse afectado por estas excepciones al principio de publicidad?

En el art. 681 de la LECrim recoge que no será aplicable al Ministerio Fiscal, a las personas lesionadas por el delito, a los procesados, al acusador privado, al actor civil y a los respectivos defensores. Además, también se recoge la posibilidad de que el juez o el presidente del tribunal pueda autorizar la presencia de personas que acrediten un especial interés en la causa.

Por su parte, el art. 682 de la LECrim regula las posibles restricciones que podrá acordar el juez o tribunal para restringir la presencia de los medios de comunicación.

A TENER EN CUENTA. También se recoge dicho principio en el artículo 232 de la Ley Orgánica del Poder Judicial, en el que se establece en su primer apartado que: «Las actuaciones judiciales serán públicas, con las excepciones que prevean las leyes de procedimiento», señalando en su apartado tercero las excepciones al mismo: «Excepcionalmente, por razones de orden público y de protección de los derechos y libertades, los Jueces y Tribunales, mediante resolución motivada, podrán limitar el ámbito de la publicidad y acordar el carácter secreto de todas o parte de las actuaciones».

JURISPRUDENCIA

Sentencia del Tribunal Supremo n.º 775/2016, de 19 de octubre, ECLI:ES:TS:2016:4550

«Con amparo en los artículos 11.1 de la Declaración Universal de Derechos Humanos y 14.1 del Pacto Internacional de Derechos Civiles y Políticos , encuentra acogida en nuestro ordenamiento jurídico el principio a un proceso público establecido en el artículo 120.1 de la CE y recogido en el artículo 232 de la LOPJ . El principio atiende, por un lado, a la **finalidad de proteger a las partes de una justicia sustraída al control público** y, por otro, a la de **mantener la confianza de la colectividad en los Tribunales y en su normal funcionamiento**. El principio constituye una de las premisas esenciales para la consecución de un proceso con todas las garantías, pilar esencial del Estado de Derecho, hasta el punto de que el art. 24.2 de la Constitución ha otorgado a los derechos vinculados a la exigencia de la publicidad el carácter de **derechos fundamentales**, lo que abre para su protección la vía excepcional del recurso de amparo (STC 96/1987, de 10- 6). En los mismos términos se encuentra reconocido el derecho a un proceso público en el art. 6.1 del Convenio Europeo de Derechos Humanos, habiendo sostenido al respecto el Tribunal Europeo de Derechos Humanos, que « la publicidad del procedimiento de los órganos judiciales, establecida en el art. 6.1 del referido Convenio, protege a las partes contra una justicia secreta que escape al control público; por lo que constituye uno de los medios de preservar la confianza en los Jueces y Tribunales» (sentencia en el caso «Pretto y otros», de 8 de diciembre de 1983 ; asimismo en la del caso «Axen», de la misma fecha).

Es evidente también, como se recoge en el art. 120.1 de la Constitución , que **la publicidad del proceso puede conocer excepciones expresadas en la ley**, destacando en nuestro ordenamiento jurídico la que con carácter general se recoge en el artículo 233 de la Ley Orgánica del Poder Judicial (' Las deliberaciones de los Tribunales son secretas. También lo será el resultado de las votaciones, sin perjuicio de lo dispuesto en esta Ley sobre la publicación de los votos particulares') o la previsión de exclusión que -condicionada a la concurrencia de una serie de presupuestos- fija *el párrafo segundo del artículo 232 de la LOPJ, al indicar que « Excepcionalmente, por razones de orden público y de protección de los derechos y libertades, los Jueces y Tribunales, mediante resolución motivada, podrán limitar el ámbito de publicidad y acordar el carácter secreto de todas o parte de las actuaciones». Ya en el seno del proceso penal, son supuestos de restricción de esta publicidad, la reserva con la que ha de llevarse la investigación sumarial del artículo 301 de la LECRIM o el secreto temporal de tales indagaciones respecto de las partes (art. 302). En cuanto a la fase de enjuiciamiento, si bien el artículo 680 LECRIM recuerda la regla de publicidad analizada y establece la sanción de nulidad para los supuestos de su contravención, el artículo 681 excepciona que el juicio pueda desarrollarse a puerta cerrada para todos o parte de los actos o sesiones de juicio « cuando así lo exijan razones de seguridad u orden público, o la adecuada protección de los derechos fundamentales de los intervinientes, en particular, el derecho a la intimidad de la víctima, el respeto debido a la misma o a su familia, o resulte necesario para evitar a las víctimas perjuicios relevantes que, de otro modo, podrían derivar del desarrollo ordinario del proceso»; restricción que -expresamente se dice-, no será aplicable al Ministerio Fiscal, a las personas lesionadas por el delito, a los procesados, al acusador privado, al actor civil y a los respectivos defensores.*

*No obstante ello, es la exclusión de la publicidad la que se regula y la que es objeto de especial restricción y sanción, en atención a la transcendencia constitucional de los derechos que se vinculan al seguimiento público del funcionamiento del Poder Judicial, **sin que una singularizada limitación a que determinadas personas estén presentes durante una declaración testifical específica pueda ser equiparada a la negación del principio de publicidad** que el recurso sostiene. Por más que el principio de publicidad tienda -entre otras finalidades y como se ha dicho- a proteger a las partes de una justicia sustraída al control público, y por más que el derecho de la víctima a la información y al seguimiento del proceso deban ser derechos de singular protección (de lo que son expresión no sólo el artículo 681 de la LECRIM, sino la Directiva 2012/29/UE de normas mínimas sobre los derechos, el apoyo y la protección de las víctimas de delitos; la ley 4/2015 de 27 de abril, del Estatuto de la víctima del delito o el artículo 785.3 de la LECRIM), la exclusión puntual de la víctima de determinadas declaraciones testificales no supone una negación del principio constitucional de publicidad, pues como expresamente indicaba el Tribunal Constitucional en su sentencia 30/1986, de 20-2 , « **lo más importante aquí es que no ha habido vista a puerta cerrada, sino tan sólo medidas de seguridad que, aun aceptando que trajeron consigo la prohibición del acceso a la Sala de determinadas personas, no desvirtúan el carácter público del acto del juicio».***

|| Principio de concentración

Este importante principio del derecho penal aparece definido en el DEJRAE como: «*Principio que, en aras de la agilidad en la tramitación de los procesos, persigue aglutinar en una sola sesión o audiencia la mayor cantidad posible de actos procesales*».

El artículo 744 de la LECrim recoge este principio al establecer que una vez se haya abierto el juicio oral, continuará durante todas las sesiones consecutivas que sean necesarias hasta su conclusión. La finalidad es que el procedimiento sea más ágil, y que pueda valorarse toda la prueba con una percepción global.

Cuando esta consecutividad no sea posible, el art. 788 de la LECrim establece, en el procedimiento abreviado, un plazo máximo de 30 días para aquellos casos en los que se suspenda o aplace la sesión, lo que no conllevará la pérdida de validez de los actos realizados, salvo que se sobrepase dicho plazo, o se produzca la sustitución del juez o miembro del tribunal. Sobre este artículo se ha pronunciado nuestro Alto Tribunal y en su **STS n.º 308/2018, de 21 de junio, ECLI:ES:TS:2018:2314**, entiende que *«(...) Lo que la ley pretende es que se observe el principio de concentración de manera que la prueba, que ha de ser valorada en forma conjunta y racionalmente, se desarrolle en un espacio temporal cercano (...)».*

Cabe citar aquí la **STS n.º 439/2019, de 2 de octubre, ECLI:ES:TS:2019:2973**, que además de recordar que este plazo sólo rige para el proceso abreviado, recoge que el mismo debe ser interpretado en base a su fundamento, es decir, evitar que se juzgue sobre prueba practicada mucho tiempo atrás:

> «Conforme señalábamos en la sentencia núm. 308/2018, de 21 de junio, la previsión contenida en el artículo 788 de la Ley de Enjuiciamiento Criminal , está fundada en 'la necesidad de señalar un límite razonable que permita conservar la validez de lo actuado en el caso de suspensiones de juicio de manera que cuando el mismo se reanuda no se vea lesionada la observancia del principio de concentración. (...)
>
> El plazo de 30 días que señala el artículo 788 de la Ley procesal es un plazo que **sólo rige para el proceso abreviado, no para enjuiciamiento ordinario**, que tiene previstas una competencia de enjuiciamiento de delitos más graves por la consecuencia jurídica que las del proceso abreviado. Lo que la ley pretende es que se observe el principio de concentración de manera que la prueba, que ha de ser valorada en forma conjunta y racionalmente, se desarrolle en un espacio temporal cercano.'
>
> En el mismo sentido, señalábamos en la sentencia núm. 1039/2013, de 23 de diciembre , que la gravedad de las consecuencias de la infracción del precepto comentado, 'aconseja interpretar la exigencia y su alcance con acomodo a su fundamento verdadero, que se encuentra, como dice la Sentencia de 29 de marzo de 1999 , dentro del ámbito procesal ordinario del principio de concentración, en la necesidad de evitar que se desnaturalice la operación de juzgar sobre la prueba ya producida mucho tiempo atrás. La posibilidad de errores valorativos en la ponderación de pruebas practicadas ante el Tribunal, aumenta cuanto mayor sea el lapso de tiempo transcurrido entre la percepción sensorial de la prueba por el Tribunal que la presencia y el momento de su valoración, terminado ya el juicio oral. Riesgo especialmente evidente en pruebas -como la testifical por ejemplo-, en las que las actitudes, los gestos, y en general el modo de decir del deponente tiene una singular importancia a la hora de formar el juicio de valoración, lo que no sucede con las auténticas pruebas documentales de contenido indeleble y permanente. Por ello se ha dicho en la STS 581/2000, de 7 de abril , que la ineficacia sobrevenida de las pruebas practicadas en el juicio suspendido por la reanudación de la vista fuera del plazo máximo de treinta días debe entenderse condicionada a la posibilidad de un error en la valoración probatoria.'».

CUESTIÓN

Cuando alguna de las partes o de los testigos declara por videoconferencia, ¿se respetan todos los principios del proceso penal?

Sí, es doctrina reiterada que la videoconferencia permite dar cumplimiento a un proceso con todas las garantías y en el que se respeten todos los principios del procedimiento penal. Podemos citar aquí el **auto del Tribunal Supremo n.º 913/2022, de 20 de octubre, ECLI:ES:TS:2022:15488A**, así como el **ATS, rec. 453/2025, de 8 de mayo, ECLI:ES:TS:2025:4978A**, que se pronuncia en los siguientes términos:

«Hay que recordar, también, que, como señala la doctrina, la videoconferencia no es más que un instrumento técnico que permite que la prueba acceda al proceso, una modalidad de práctica de la prueba, de modo que será el medio de prueba de que se trate, y de acuerdo con sus propias reglas, el que deberá ser analizado en cuanto a las garantías que deben concurrir en su práctica. Y puede asegurarse que la utilización de la videoconferencia y de los demás medios técnicos que establece el art. 230 de la LOPJ no es una posibilidad facultativa o discrecional a disposición del juez o tribunal, sino un medio exigible ante el Tribunal y constitucionalmente digno de protección. Además, incide la doctrina que, dentro del proceso penal, se cumplen los principios del proceso, a saber:

1.- Inmediación.

En relación con el juicio oral, el asunto es aún más sencillo en cuanto, en realidad, se produce una equiparación jurídica de la presencia física con la presencia virtual.

2.- Publicidad.

No existe la más mínima afectación. Más bien pueden mejorar las condiciones de publicidad de las actuaciones judiciales, en cuanto las nuevas tecnologías garantizan la "asistencia" a las actuaciones judiciales de un número mayor de personas y permite seguimiento especializado (prensa) en mejores condiciones.

3.- Principios de oralidad, concentración y unidad de acto.

No existe la más mínima afectación en cuanto, como anteriormente se ha indicado, existe una equiparación jurídica entre la presencia física y la virtual.

4.- Contradicción.

El principio de contradicción está asegurado en cuanto las posibilidades de interrogatorio y contrainterrogatorio son exactamente iguales para las partes con la presencia física del acusado o del testigo que con la virtual.

Es cierto que colocar al testigo inmerso en la parafernalia formal de la justicia, en cuanto aumenta la tensión o presión ambiental, es un método para asegurar que se aproxima más a la verdad en su declaración, mientras que en un lugar remoto podría hacerle disminuir la importancia de la situación, o hacerle sentir más seguro.

Pero también puede argumentarse justamente lo contrario: muchas veces los medios electrónicos pueden revelar más acerca de la credibilidad y honestidad de un testigo que lo que puede descifrarse físicamente y en directo (puede visualizarse varias veces el testimonio, desde diferentes ángulos, puede aumentarse la imagen, etc.)».

3.2. Las causas de suspensión del juicio oral

La suspensión del juicio oral

En aras a dar cumplimiento a los 4 principios destacados del juicio oral (oralidad, inmediación, publicidad y concentración) lo ideal sería que la fase del juicio oral se celebrase en una única sesión, y de no ser esto posible, en varias consecutivas, sin perjuicio de la posibilidad de suspender el juicio por las causas tasadas que se recogen en la LECrim. Hay que destacar, que tal y como recoge la **STS n.º 167/2023, de 8 de marzo, ECLI:ES:TS:2023:1228**: *«(...) cualquier posibilidad de suspensión del juicio oral -por la afectación que supone para las partes, para los colaboradores de la justicia y para el propio funcionamiento de los Juzgados y Tribunales- queda restringida a los supuestos contemplados en los artículos 744, 745 y 746 LECRIM».*

A TENER EN CUENTA. Por la reforma realizada por la LO 1/2025, de 2 de enero, una vez implantados de forma efectiva los tribunales de instancia (D.T. 1.ª), todas las referencias realizadas a los juzgados unipersonales se entenderán realizadas a las secciones del orden jurisdiccional correspondiente de los tribunales de instancia.

Dada la importancia que tiene la regulación de la suspensión de los juicios orales, la Ley de Enjuiciamiento Criminal le dedica el capítulo V, del título III, del libro III, con la rúbrica *«De la suspensión del juicio oral»*, que abarca los artículos 744 a 749.

El artículo 744 de la LECrim establece que, abierto el juicio oral, este continuará durante todas las sesiones consecutivas que sean necesarias hasta su terminación, y ello es alegado en numerosas sentencias como la **STS n.º 308/2009, de 23 de marzo, ECLI:ES:TS:2009:1636**, que alude a que el juicio oral habrá de celebrarse de manera ininterrumpida en una sola sesión o en cuantas sean necesarias hasta su terminación, de forma tal que su suspensión (por las causas reguladas en el art. 746 de la LECrim) ha de considerarse una excepción.

El siguiente precepto establece que el/la presidente/a del tribunal podrá suspender la apertura de las sesiones cuando las partes, por motivos independientes a su voluntad, no tuvieran preparadas las pruebas ofrecidas en sus respectivos escritos. La **STS n.º 505/2012, de 19 de junio, ECLI:ES:TS:2012:4508**, se pronuncia sobre el alcance de este artículo, que no solo abarca las pruebas solicitadas en el escrito de proposición de prueba, sino también a las que se propongan en el propio acto del juicio cuando se justifique tanto la imposibilidad de practicarlas, como de haberlas propuesto en el escrito de calificación:

> «Añadiendo la Sala en la citada sentencia de 20 de Mayo del 1997 , en doctrina que ha sido reiterada entre otras en la STS 983/2007, de 6 de no-

viembre , que la decisión a adoptar en estos supuestos debe contemplarse desde la perspectiva de evitar que, en ningún caso, pueda producirse indefensión (art. 24.1. C.E), es decir que se ocasione una situación procesal en la que el conjunto de circunstancias concurrentes limiten de manera efectiva y relevante las posibilidades de defensa del acusado, por razones que no le sean imputables. En consecuencia, en el procedimiento abreviado, la suspensión prevenida en el art. 745 debe acordarse no solamente cuando las pruebas que no se encontrasen preparadas fuesen las ofrecidas en el escrito de proposición de prueba, sino también cuando se trate de las pruebas que se propongan en el mismo acto, conforme a lo prevenido en el art. 786 2° **siempre que existan motivos ajenos a la voluntad de las partes que justifiquen tanto la imposibilidad de practicar las pruebas en el acto como la de haberlas propuesto en el escrito de calificación, y siempre que la denegación de la suspensión y consiguiente imposibilidad de práctica de la prueba de descargo propuesta en dicho acto, pueda ocasionar material indefensión**».

Por su parte, el art. 788 de la LECrim al regular la práctica de la prueba recoge que la misma se realizará concentradamente, en las sesiones que sean necesarias, pudiendo el juez o tribunal suspender o aplazar la sesión un máximo de 30 días, en los casos regulados en el art. 746 de la mentada ley. Conservarán su validez los actos realizados salvo que se produzca la sustitución del juez o tribunal. En estos casos el juez o el presidente del tribunal realizará el nuevo señalamiento al mismo tiempo que se acuerde la suspensión cuando sea posible, en caso contrario el señalamiento para el nuevo juicio oral se hará por el/la letrado/a de la Administración de Justicia para la fecha más inmediata posible.

> **A TENER EN CUENTA**. No será causa de suspensión del juicio la falta de acreditación de la sanidad, de la tasación de daños o de la verificación de otra circunstancia de análoga significación, siempre que no sea requisito imprescindible para la calificación de los hechos. En tal caso, la determinación cuantitativa de la responsabilidad civil quedará diferida al trámite de ejecución, fijándose en la sentencia las bases de la misma.

La suspensión del juicio oral debe acordarse por medio de auto, en el que se fijará cuando sea posible el tiempo de la suspensión, y se determinará lo que corresponda para la continuación del juicio (art. 748 de la LECrim).

> **CUESTIÓN**
>
> **¿Cabe recurso contra los autos de suspensión?**
>
> No, contra los autos que acuerden la suspensión no cabe recurso alguno.

El art. 746 de la LECrim recoge los motivos por los que procede la suspensión del juicio oral:

- Para resolver alguna cuestión incidental.
- Para practicar diligencias fuera del tribunal.

- Cuando no comparezca algún testigo necesario.
- Por enfermedad repentina que le impida continuar tomando parte en el juicio sin que pueda ser reemplazo/a en el caso de algún miembro del tribunal, el/la fiscal o el/la defensor/a de cualquiera de las partes, o, respecto de este último, por fallecimiento, hospitalización o intervención quirúrgica por causa grave de un familiar hasta el 2.º grado por consanguinidad o afinidad.
- Cuando se encuentre en alguna de las causas del punto anterior alguno de los procesados.
- Cuando se den revelaciones o retractaciones inesperadas que hagan necesarios nuevos elementos de prueba.

CUESTIÓN

En relación con las causas de suspensión del juicio oral y respecto de la práctica de la prueba ¿cuál es la diferencia entre la admisión de la prueba, la suspensión del juicio y la anulación de una sentencia?

Para responder esta cuestión cabe traer a colación la **sentencia de la Audiencia Provincial de Barcelona n.º 150/2025, de 27 de febrero, ECLI:ES:APB:2025:1980**, que con referencia a la causa tercera del artículo 746 de la LECrim y citando la **STS n.º 209/2020, de 21 de mayo, ECLI:ES:TS:2020:1301**, señala:

«*"Para admitir una prueba basta su pertinencia; para proceder a la suspensión del juicio, se exige necesidad; para anular, por fin, una sentencia por la inadmisión de una prueba se requiere no solo que la prueba fuese pertinente o pudiese ser útil, sino que se constate su indispensabilidad; es decir, que se llegue al fundado pronóstico de que, de practicarse, su resultado podría modificar el sentido del fallo. Por eso es compatible considerar que una prueba debiera haber sido admitida realizando un hipotético juicio ex ante, con rechazar la impugnación basada en esa denegación de prueba por estimarse que su realización, pensando siempre en el resultado posible más favorable al que la propuso, a la vista de la argumentación desplegada en la sentencia, carece de cualquier aptitud para variar el signo del fallo.*

Este canon constituye una secuela lógica del derecho a un proceso sin dilaciones indebidas. Se debe manejar un estándar diferente en cada uno de esos diferenciados momentos: admisión de prueba (i); suspensión del juicio iniciado (ii); anulación de sentencia y juicio por indebida denegación (iii)".

16. Así, mientras que, para admitir prueba, basta con que esta sea pertinente, para suspender con que sea necesaria, para anular la sentencia se precisa que sea indispensable».

Análisis de las causas de suspensión de los juicios orales recogidas en el art. 746 de la LECrim

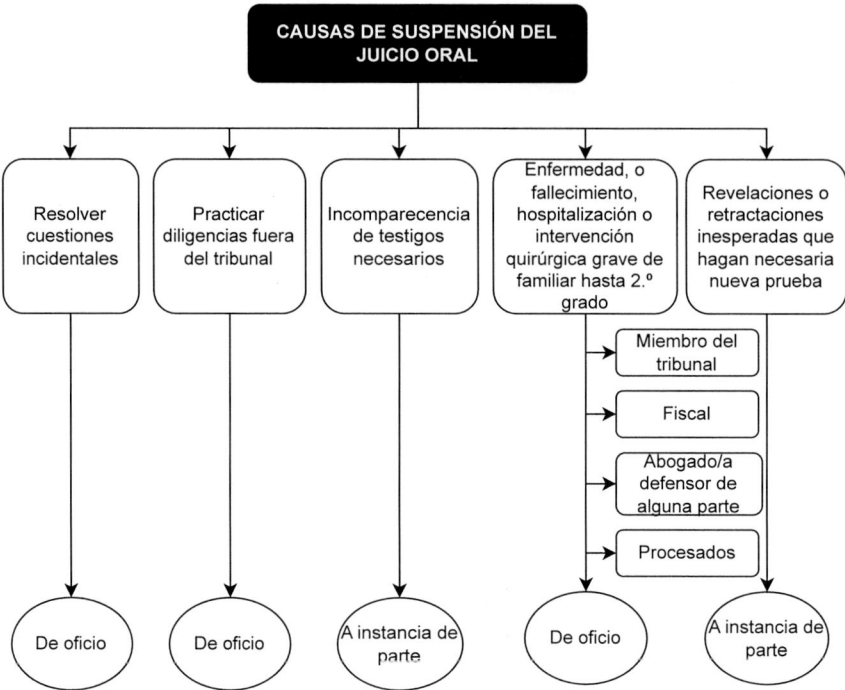

1.º Por tener que resolver el tribunal alguna **cuestión incidental** que por cualquier causa fundada no pueda decidirse en el acto.

En este sentido hay que aclarar que las cuestiones incidentales son aquellas que siendo distintas del objeto principal del pleito, guardan con este una relación inmediata, y también las que se suscitan en relación con los presupuestos o requisitos de influencia en el proceso (*DEJ RAE*).

2.º Cuando el tribunal o alguno de sus miembros tuviere que **practicar alguna diligencia fuera del lugar de las sesiones** y no pudiera verificarse en el tiempo intermedio entre una y otra sesión.

La **STS, rec. 4053/1991, de 18 de mayo de 1993, ECLI:ES:TS:1993:3119**, nos da un ejemplo de diligencia que podría dar lugar a la suspensión del juicio oral, reconociendo que una diligencia de reconstitución de los hechos podría dar lugar a esta suspensión:

> «Para que la diligencia de reconstitución de los hechos sea admisible y sirva para apreciar la forma en que se desenvolvieron los acontecimientos es necesario que se practique por el órgano instructor en la forma prevista

en la ley y haciendo constar en las actuaciones la descripción del lugar del delito, el sitio y estado en que se hallen los objetos que en él se encuentren, los accidentes del terreno y todos los detalles que puedan utilizarse tanto para la acusación como la defensa. Sólo de esta manera puede convertirse en un instrumento probatorio válido que no agota sus posibilidades y efectos en la fase sumarial o de Diligencias Previas, sino que puede llevarse a efecto, ya en el plenario, cuando sea procedente practicar alguna diligencia fuera del lugar de las sesiones, dando lugar a la suspensión del juicio oral siempre que no pudiera verificarse en el tiempo intermedio entre una y otra sesión».

> **A TENER EN CUENTA**. El apartado 2 del artículo 777 de la LECrim recoge el supuesto de que alguna prueba no pueda practicarse en el juicio oral, o esto pueda motivar su suspensión, facultando al juez instructor para que practique inmediatamente dicha prueba, asegurando la posibilidad de contradicción de las partes. En estos casos recoge la LECrim que esta diligencia deberá documentarse en soporte apto para la grabación y reproducción, o en su caso por acta del/de la letrado/a de la Administración de Justicia, y recoge expresamente que, a efectos de su valoración como prueba en sentencia, la parte a quien interese deberá instar en el juicio oral la reproducción de la grabación o la lectura literal de la diligencia, en los términos del artículo 730 de la LECrim.

3.º Cuando **no comparezcan los testigos** de cargo y de descargo ofrecidos por las partes y el tribunal considere necesaria la declaración de los mismos.

Estamos ante una de las causas que da lugar a más suspensiones de juicios orales y que más controversias ha suscitado.

El propio art. 746 de la LECrim en su número tercero recoge que el tribunal puede acordar la continuación del juicio y la práctica de las demás pruebas, y suspenderlo a continuación, hasta que comparezcan los testigos ausentes.

En el caso de que la no comparecencia del testigo fuera por imposibilidad recogida en el art. 718 de la LECrim, si el tribunal considera importante su declaración, el presidente designará a uno de los miembros para que, constituyéndose en la residencia del testigo, puedan las partes hacerle las preguntas oportunas.

Sobre la interpretación de este artículo se ha pronunciado, entre otras, la **SAP de Burgos n.º 175/2024, de 15 de mayo, ECLI:ES:APBU:2024:446**, que citando al Tribunal Supremo recuerda que:

«Y de otro lado , la Jurisprudencia en la interpretaciòn de dicho precepto se expone , entre otras , en la sentencia del T.S. de 12 de julio de 2.002 señala que:"Como dice la Sentencia de esta Sala Segunda de fecha 14 de septiembre de 2000 , la Constitución Española al proclamar en su artículo 24.2 , entre otros, el derecho a la presunción de inocencia, a un proceso público y a utilizar los medios de pruebas pertinentes para la defensa, sienta las bases y condicionamientos para alcanzar un juicio justo. **El Tribunal sentenciador, cuando el testigo, propuesto y admitido, no comparece a juicio, pudiendo hacerlo, acordará la suspensión , cuando así se lo solicite la parte que interesó el testimonio, y éste resulte necesario a juicio del**

Tribunal. Esta es la regla general, y **la continuación del juicio constituye la excepción, en los supuestos en que el testimonio no sea necesario o no pueda practicarse en dicho acto** y la prueba anticipada se haya obtenido con las adecuadas garantías para la defensa. El artículo 746.3 de la Ley de Enjuiciamiento Criminal recoge la incomparecencia de testigos como uno de los supuestos de suspensión del juicio oral, siempre que el Tribunal considere dicha prueba como necesaria"».

Por su parte, el **Tribunal Supremo en su auto rec. 8035/2023, de 19 de septiembre de 2024, ECLI:ES:TS:2024:12970A**, ha señalado:

«B) El derecho a utilizar los medios de prueba tiene rango constitucional en nuestro derecho al venir consagrado en el artículo 24 de la Constitución, pero no es un derecho absoluto. Ya la Constitución se refiere a los medios de prueba "pertinentes", de manera que tal derecho de las partes no desapodera al Tribunal de su facultad de admitir las pruebas pertinentes rechazando todas las demás (artículos 659 y 785 de la LECrim). El Tribunal Constitucional ha señalado reiteradamente que el artículo 24.2 CE no atribuye un ilimitado derecho de las partes a que se admitan y se practiquen todos los medios de prueba propuestos, sino sólo aquellos que, propuestos en tiempo y forma, sean lícitos y pertinentes (STC n° 70/2002, de 3 de abril). Por ello, el motivo podrá prosperar cuando la prueba, o la suspensión del juicio ante la imposibilidad de su práctica, se haya denegado injustificadamente, y cuando la falta de práctica de la prueba propuesta haya podido tener una influencia decisiva en la resolución del pleito (SSTC 50/1988, de 22 de marzo; 357/1993, de 29 de noviembre; 131/1995, de 11 de septiembre; 1/1996, de 15 de febrero y 37/2000, de 14 de febrero)».

Asimismo, citando la jurisprudencia del Alto Tribunal, la Audiencia Provincial de Barcelona —**sentencia n.° 42/2025, de 22 de enero, ECLI:ES:APB:2025:2144**— añade:

«Ahora bien la jurisprudencia del Tribunal Supremo ha establecido una serie de requisitos formales y materiales o de fondo. Entre los primeros se señalan:

1°) que la diligencia probatoria que no haya podido celebrarse por la denegación de la suspensión hubiese sido solicitada por la parte en tiempo y forma de conformidad con las reglas especificas para cada clase de proceso, lo que en el caso de tratarse de testigos -como sucede en el presente caso- debe concretarse su proposición "nominatim" en el escrito de calificación provisional, con designación de los apellidos y circunstancias personales.

2°) que tal prueba hubiese sido declarada pertinente por el Tribunal y en consecuencia programada procesalmente.

3°) que ante la decisión de no suspensión, que debe ser fundada, ante la imposibilidad de practicar en ese momento las previamente admitidas, se hubiese dejado constancia formal de la protesta, en momento procesal oportuno, con el adecuado reflejo en el acta, tras la reproducción de su petición en las condiciones exigidas por los arts. 785 y 786, cuando se trate de Procedimiento Abreviado.

4°) que si se trata de prueba testifical, han de hacerse constar las preguntas, siquiera sea de modo sucinto, que quien la propone pretendía dirigir al testigo, consignando los extremos de dicho interrogatorio, con la finalidad de que, primero, el Tribunal de enjuiciamiento, y después esta Sala, en su caso, puedan valorar la trascendencia de la prueba propuesta. (ssTC 116/83, 51/90; ssTS. 28.12.91, 14.11.92, 21.3.95, entre otras). En cualquier caso, la parte que la propone, debe preocuparse de que conste la eventual trascendencia de la prueba respecto del Fallo de la sentencia».

> **A TENER EN CUENTA**. Los artículos 785 y 786 de la LECrim citados en las sentencias anteriores han sido modificados con posterioridad a ellas por la LO 1/2025, de 2 de enero, en vigor desde el 3 de abril de 2025.

En la misma línea, cabe citar la **SAP de Baleares n.° 194/2025, de 13 de mayo, ECLI:ES:APIB:2025:1109**.

CUESTIONES

1. ¿Es lo mismo una prueba pertinente que una prueba necesaria?

No, la pertinencia y la necesidad no son lo mismo, y así lo recoge la **sentencia de la Audiencia Provincial de Córdoba n.° 194/2025, de 30 de abril, ECLI:ES:AP-CO:225:880**:

«A estos efectos es preciso distinguir (así lo estima la Audiencia Provincial de Madrid, Auto de 30 de marzo de 2009, ROJ AAP M 4460/2009, ante una solicitud de prueba en segunda instancia), entre "pertinencia" y "necesidad" de un determinado medio de prueba. El artículo 659 de la Ley de Enjuiciamiento Criminal al regular el trámite de admisión de las pruebas propuestas por las partes, alude al concepto de pertinencia. Sin embargo, el artículo 746 de la misma Ley de Ritos, al referirse a la suspensión del juicio oral, es más estricto, pues exige que el tribunal "considere necesaria", la prueba no practicada. Si pertinente es lo oportuno y adecuado, necesario es lo indispensable y forzoso, y cuya práctica resulta obligada para evitar que pueda ocasionarse indefensión».

Añade nuestro Alto Tribunal sobre esta distinción en su **STS n.° 185/2024, de 29 de febrero, ECLI:ES:TS:2024:996**:

«En efecto la pertinencia de la prueba -requisito de su admisión no conlleva la necesidad que dice el artículo 746.3 de la Ley de Enjuiciamiento Criminal para acordar la suspensión, pues si el Tribunal se considera suficientemente informado para formar un juicio completo sobre los hechos, no debe prescribir medida que, como la suspensión del juicio oral, ocasionaría dilaciones injustificables del proceso (STS 206/1994, de 11 de junio).

Esta Sala exige, para acordar la suspensión, además de los requisitos formales de que la diligencia probatoria que no haya podido celebrarse por denegación de la suspensión hubiese sido solicitada por la parte recurrente en tiempo y forma, que tal prueba hubiese sido declarada pertinente por el Tribunal y en consecuencia programada procesalmente, que ante la decisión de no suspender se hubiese dejada constancia formal de la protesta, en momento procesal oportuno, con el adecuado reflejo en el acta, siquiera sea de modo sucinto, de los extremos del interrogatorio que se proponían formular al testigo inasistente con el fin de poder valora la relevancia de su testimonio; la concurrencia de unos requisitos de fondo, necesarios para que prospere este motivo de recurso, que podemos concretar en que la prueba denegada (y a ello equivale la denegación de la suspensión del juicio oral dada la inasistencia de uno o varios testigos):

1°) Sea necesaria, en el doble sentido de su relevancia y su no redundancia.

2°) Sea posible en el sentido de que deben agotarse razonablemente las posibilidades de traer al testigo a presencia del Tribunal. Y

3°) Su falta de realización ocasione indefensión a la parte que formuló el recurso y propuso como propia la prueba.

En la práctica habría que evaluar cada caso teniendo en cuenta el resto del material probatorio de que se dispuso y la incidencia que la prueba denegada tuviese en la formación de la convicción del órgano decisor para configurar la resolución definitiva del proceso».

2. ¿Cuándo se entiende necesaria la declaración de un testigo a efectos del número tercero del artículo 746 de la LECrim?

La Audiencia Provincial de Madrid en su **sentencia n.° 86/2025, de 19 de febrero, ECLI:ES:APM:2025:2172**, da la respuesta a esta cuestión citando la jurisprudencia del TS y recalcando que no se considera necesaria la declaración de un testigo bien por su irrelevancia o bien por su redundancia:

«Es de significar que tras el interrogatorio de los testigos y con anterioridad al interrogatorio de los acusados, quienes declararon en último lugar, las defensas interesaron la suspensión de la vista para oir el testimonio de la funcionaria del C.N.P. con Número Profesional NUM018 que no había podido comparecer por encontrarse en Guatemala de viaje oficial, lo que fue denegado en el juicio oral por considerar el Tribunal que estaba lo suficientemente instruido tras la prueba practicada.

A este respecto, establece la sentencia del Tribunal Supremo de 3 de Marzo de 2005 que: "Como primer requisito de fondo, por tanto, es preciso que la prueba cuya práctica se ha denegado, no sólo fuese pertinente sino necesaria. La pertinencia se mueve en el ámbito de la admisibilidad, como facultad del Tribunal para determinar inicialmente la prueba que genéricamente es pertinente por admisible (STS 17 de enero de 1991). La necesidad de su ejecución se desenvuelve en el terreno de la práctica, de manera que medios probatorios inicialmente admitidos como pertinentes pueden lícitamente no realizarse, por muy diversas circunstancias, entre ellas la decisión del Tribunal de no suspender el juicio pese a la incomparecencia de algún testigo, adoptada al amparo de lo prevenido en el art. 746.3° de la LECrim . Decisiónque se adopta por no «considerar necesaria la declaración de los mismos», bien por su irrelevancia (visto el estado del juicio el contenido de su testimonio no es relevante respecto a los hechos determinantes de la subsunción delictiva y circunstanciasque afectan a la responsabilidad del acusado) - STS 21 de diciembre de 1992 - o bien por su redundancia (después de haberse desarrollado un amplio debate contradictorio el testimonio del testigo que no comparece resulta superfluo e innecesario, ya que no aportaría nuevos datos que puedan ser sustanciales a la hora de formar la convicción de la Sala -STS 27 de febrero de 1990 -). A este requisito de la necesidad ha hecho abundante referencia la jurisprudencia (STC 51/85 de 10 de abril y STS Sala 2ª de 28 de octubre de 1988 , 12 de abril de 1989 , 8 de marzo de 1990, 18 de febrero de 1991 y 10 de diciembre de 1992 , entre otras), habiéndose cuidado de expresar claramente esta Sala que la facultad del Tribunal de decidir si considera o no la comparecencia de los testigos como necesaria a efectos de suspender el juicio conforme a lo prevenido en el art. 746.3° de la LECrim , es revisable en casación.

Y en el caso presente, la incomparecencia del referido testigo no imponía la suspensión del juicio por no ser necesario su testimonio, ya que comparecieron al mismo hasta tres de los cuatro agentes de policía intervinientes, que presenciaron de modo inmediato y directo los hechos que se han declarado probados. La innecesa-

riedad de la prueba resulta, pues, palmaria y, por ende, su omisión no ha generado ninguna clase de indefensión a los acusados».

En este sentido, resulta interesante la **STS n.º 581/2009, de 2 de junio, ECLI:ES:TS:2009:3322**.

En cuanto a la **incomparecencia de peritos**, es conveniente tener en cuenta el criterio jurisprudencial que se desprende por medio de la **STS n.º 480/2001, de 19 de marzo, ECLI:ES:TS:2001:2186**:

«(...) cuestión distinta es la incomparecencia de la perito debidamente citada, lo que necesariamente **tenía que haber dado lugar a la correspondiente protesta y solicitud de suspensión del acto del juicio oral por la defensa de los acusados, constituyendo ello un requisito formal necesario** (artículos 855.3 y 874.3 ambos LECrim.) en la medida que en autos existía el informe pericial emitido por el correspondiente Organismo Público, válido en principio salvo impugnación de la parte, que en el presente caso consistía precisamente en la presencia de la perito informante para aclarar los extremos señalados anteriormente, lo que constituye lisa y llanamente la renuncia a dicha aclaración y consiguiente conformidad con su contenido, consecuencia evidente de la falta de una declaración de voluntad contraria a ello y cuyas consecuencias son exigibles teniendo en cuenta la doctrina de los actos propios, por lo que la impugnación que se hace constar en el acta carece de relevancia a estos efectos».

4.º Cuando algún **miembro del tribunal, el fiscal o el defensor** de cualquiera de las **partes**, **enfermare repentinamente** hasta el punto de que no pueda continuar tomando parte en el juicio ni pueda ser reemplazado este último sin grave inconveniente para la defensa del interesado.

Lo mismo se aplicará, en el caso del **defensor de cualquiera de las partes, en los supuestos de fallecimiento u hospitalización o intervención quirúrgica por causa grave, de un familiar hasta el segundo grado por consanguinidad o afinidad.**

Podemos citar aquí la **sentencia de la Audiencia Provincial de Valladolid n.º 243/2017, de 11 de septiembre, ECLI:ES:APVA:2017:1122**, que en un supuesto en el que tras dos días de juicio, al comienzo de la sesión del tercer día, los acusados presentaron un escrito en el que alegaban haber observado la existencia en su letrado defensor de ciertas limitaciones físicas que le impedían seguir adecuadamente la práctica de las actuaciones, y solicitando una suspensión por 10 días para designar un nuevo letrado. La sala denegó la suspensión por entender que no concurría en el letrado enfermedad repentina ni ninguna circunstancia que no concurriera ya al comienzo del juicio oral, concluyendo que la suspensión del juicio «*(...) en este caso no era admisible, dado que el Letrado que les defendía estaba en perfectas condiciones para defenderles, y se trataba de una mera maniobra defensiva para provocar la injustificada interrupción de un juicio que ya se había desarrollado en su mayor parte*».

Dicha denegación de la suspensión fue avalada por el Tribunal Supremo en su **STS n.º 364/2018, de 18 de julio, ECLI:ES:TS:2018:3055**, que recuerda que **el derecho al cambio de letrado/a no es ilimitado**: *«En la STS 774/2016, de 19 de octubre , se expresa que resulta conforme a derecho la inadmisión de la renuncia al Letrado nombrado de oficio al inicio del juicio oral, pues la capacidad de todo imputado de designar a un Abogado de su confianza no ampara estrategias dilatorias ni actuaciones que sean expresivas de una calculada desidia a la hora de hacer valer el propio derecho de defensa (STS 816/2008, de 2 de diciembre). En el mismo sentido, las SSTS 1989/2000, 3 de mayo , 1732/2000, 10 de noviembre y 327/2005, 14 de marzo , señalan que la facultad de libre designación implica a su vez la de cambiar de Letrado cuando lo estime oportuno el interesado en defensa de sus intereses, si bien tal derecho no es ilimitado pues está modulado, entre otros supuestos, por la obligación legal del Tribunal a rechazar aquellas solicitudes que entrañen abuso de derecho, o fraude de ley procesal según el artículo 11.2 de la LOPJ».*

Otro supuesto se contempla en la **SAP de Pontevedra n.º 165/2025, de 12 de junio, ECLI:ES:APPO:2025:2087,** conforme a la cual:

«Este documento, justificativo de la imposibilidad del letrado de asistir al juicio por padecimiento de enfermedad común, fue presentado el día anterior a su celebración, por escrito remitido por el procurador, y simplemente mereció ser unido a las actuaciones en fecha de 1 de abril del año 2025.

El escrito fue presentado con anterioridad al juicio, pero no consta unido hasta unos días después del mismo, entiendo que en este caso resultaba procedente la aplicación del artículo 746.4 de la Ley de Enjuiciamiento Criminal, cuando dispone que procederá además la suspensión del juicio oral "Cuando algún miembro del Tribunal, el Fiscal o el defensor de cualquiera de las partes, enfermare repentinamente hasta el punto de que no pueda continuar tomando parte en el juicio ni pueda ser reemplazado este último sin grave inconveniente para la defensa del interesado".

Dado el estado de las actuaciones, que **ha generado indefensión a la parte denunciante al no posibilitársele la asistencia de su letrado al acto de juicio oral** en defensa de su postulación procesal, procede, de conformidad con lo dispuesto en el artículo 238.3 de la Ley Orgánica del Poder Judicial, declarar la nulidad de todo lo actuado posteriormente desde el momento inmediatamente anterior a la celebración del juicio, a fin de que se señale nueva fecha para su celebración, verificándose, con el cumplimiento de las prescripciones legales.

Entendiendo que la enfermedad del letrado del apelante que cursa con baja por incapacidad temporal, es una causa de suspensión de un juicio, según se puede deducir de diferentes preceptos de las Leyes Procedimentales (en particular en el proceso penal de acuerdo con lo dispuesto en el art. 746. 5 LECr, y art. 183 LEC de aplicación supletoria), no cabe duda de que se le ha producido indefensión al apelante que no pudo defenderse con Letrado (aunque la asistencia Letrada no sea preceptiva en el Juicio por delito leve) y sobre todo no pudo formular acusación frente a la otra parte, dado que el MF interesó la absolución y ello pese a que ya había manifestado su intención de hacerlo con anterioridad mediante comparecencia en el Juzgado el día 13 de marzo de 2025. En consecuencia , para restituirle en sus derechos a no sufrir indefensión, a ser oído y defenderse, consagrados en el art. 24 CE, se declara la nulidad del juicio, y evidentemente, de la sentencia impugnada, y, sin entrar en el fondo del resto de las cuestiones planteadas por la defensa del apelante, reponer el proceso al momento en que se cometió la falta, esto es, al momento anterior al inicio del juicio oral.

Concurre la indefensión material (artículo 24 CE)alegada que conlleva conforme al artículo 238,3 LOPJ ,decretar la nulidad del acto del juicio y de la sentencia que se impugna, retrotrayendo las actuaciones al momento anterior al acto del juicio a fin de que se proceda a su celebración con cumplimiento de lo dispuesto en el artículo 966 LECRIM».

En sentido contrario se pronuncia la **SAP de Las Palmas n.º 105/2025,de 31 de marzo, ECLI:ES:APGC:2025:418**, en la que por falta de diligencia exigible en la parte se deniega la nulidad invocada:

«En el presente caso, la parte apelante aportó con su escrito de impugnación de la sentencia copia de un correo electrónico solicitando la suspensión del juicio, porque el denunciado debía cuidar de su madre durante los quince días siguientes a la operación a la que había sido sometida. Ese correo fue enviado al Juzgado el día 26 de marzo de 2024 a las 9:34 horas, esto es, **con una antelación de poco más de hora y media respecto de la hora señalada para la vista**, que estaba fijada a las 11:10 de ese mismo día.

La defensa del denunciado considera que en este caso debió haberse aplicado el artículo 746.4º de la LECrim, según el cual procederá la suspensión del juicio oral (...).

(...)

Según se desprende de la documentación adjuntada al escrito de recurso, el concreto motivo de suspensión que invocaba D. Javier era la necesidad de atender a su madre en el tratamiento médico que le había sido prescrito, tras la cirugía de cataratas a la que había sido sometida. La paciente había recibido el alta médica el 20 de marzo de 2024. Se le había prescrito reposo, aplicación de colirio y pomada, y se le había recomendado no tocarse los ojos. Queda evidenciado por lo tanto que **el ahora apelante conocía las circunstancias en las que basaba su petición de suspensión con seis días de antelación al señalado para la celebración de la vista, por lo que desde ese momento podía haber pedido el aplazamiento del juicio. Sin embargo, presentó su petición el mismo día en que debía celebrarse la vista**, sólo hora y media antes de la fijada en la diligencia de señalamiento. Con tan escaso margen de tiempo, la pretensión de la parte de que el Juzgado emitiera un pronunciamiento fundado en derecho sobre la procedencia o no de acordar la suspensión del acto procesal exigiría en la práctica una revisión casi permanente por parte del personal del órgano judicial sobre los mensajes de correo electrónico recibidos en el mismo, lo cual no resulta razonable en términos de ejercicio de los derechos conforme a las exigencias de la buena fe. Por lo tanto, **al no haber actuado la parte con la diligencia exigible, la falta de respuesta a su pretensión no puede atribuirse a un quebrantamiento por parte del órgano judicial de las normas procesales aplicables**, que pudiera dar lugar a la aplicación de los artículos 238.3º y siguientes de la LOPJ, por lo que no cabe apreciar el motivo de nulidad que se invoca en el recurso».

5.º Cuando alguno de los **procesados** se halle en el caso del número anterior, en términos de que no pueda estar presente en el juicio.

La LECrim especifica en este caso que la suspensión no se acordará por esta causa hasta después de haber oído a los facultativos nombrados de oficio para el reconocimiento del enfermo.

En relación con este artículo se pronunció el Tribunal Supremo en la **STS n.º 626/2016, de 13 de julio, ECLI:ES:TS:2016:3587**, en los siguientes términos:

> «Procederá además la suspensión del juicio oral en los casos siguientes.....5.º Cuando alguno de los procesados se halle en el caso del número anterior (enfermedad), en términos de que no pueda estar presente en el juicio.
>
> La suspensión no se acordará por esta causa, sino después de haber oído a los facultativos nombrados de oficio para el reconocimiento del enfermo.
>
> Hipótesis en las que la suspensión podrá acordarse de oficio (artículo 747).
>
> Sobre los efectos de esa causa de suspensión ¬que no, desde luego, sobreseimiento¬ se prevé en el artículo 749 de la Ley de Enjuiciamiento Criminal : Cuando por razón de los casos previstos en los números 4º y 5º del artículo 746 haya de prolongarse indefinidamente la suspensión del juicio, o por un tiempo demasiado largo, se declarará sin efecto la parte del juicio celebrada.......el Secretario judicial señalará día para nuevo juicio cuando desaparezca la causa de la suspensión o puedan ser reemplazadas las personas reemplazables.
>
> En lo que ahora importa de manera determinante de nuestra resolución se añade en el artículo 746 penúltimo párrafo: No se suspenderá el juicio por la enfermedad o incomparecencia de alguno de los procesados citados personalmente, siempre que el Tribunal estimare, con audiencia de las partes y haciendo constar en el acta del juicio las razones de la decisión, que existen elementos suficientes para juzgarles con independencia».

> **A TENER EN CUENTA**. No se suspenderá el juicio por la enfermedad o incomparecencia de alguno de los procesados citados personalmente, siempre que el tribunal estimare, con audiencia de las partes y haciendo constar en el acta del juicio las razones de la decisión, que existen elementos suficientes para juzgarles con independencia (segundo párrafo del número sexto del artículo 746 de la LECrim).

Atendiendo a la redacción literal de esta causa del número quinto, la **Audiencia Provincial de A Coruña en su sentencia n.º 297/2025, de 23 de julio, ECLI:ES:APC:2025:2262**, ha señalado que, en este caso, parece que el legislador parte de una cierta desconfianza hacia el procesado y establece una prevención: antes de ordenar la suspensión habrá de oírse a un facultativo. En la práctica, sin embargo, se considera suficiente con que se aporte un parte médico y como mucho, en algún caso, se manda al médico forense para hacer las comprobaciones oportunas para ver si el no comparecido está enfermo.

No cualquier enfermedad puede ser motivo de suspensión, el órgano judicial debe evitar el abuso de la suspensión y aunque la suspensión por enfermedad del acusado sea posible requiere de una solicitud formal acompañada de pruebas médicas que la justifiquen. El tribunal evaluará cada caso de forma individual determinando si concurren los requisitos necesarios para suspender y garantizando el derecho a la defensa del acusado (**SAP de Burgos n.º 225/2025, de 11 de julio, ECLI:ES:APBU:2025:639**).

Un caso en que se deniega la concurrencia de esta causa de suspensión se aprecia en la **SAP de Sevilla n.º 284/2025, de 2 de septiembre, ECLI:ES:APSE:2025:2516**, cuando dice:

> «Sin embargo, en el caso de autos, nada más lejos de la realidad de que la situación producida pueda calificarse de enfermedad repentina que impidiera asistir al acto del juicio, pues puede comprobarse que, tal como queda recogido en el acta videográfica de la vista, se espera por el órgano judicial más de veinte minutos para iniciar el acto a fin de que pudiera el acusado remitir, aunque fuera vía telefónica, el documento acreditativo de la causa que le impedía acudir a fin de poder ser valorado por el perito médico correspondiente, y sin embargo no lo hace, a pesar de que la atención médica había acabado casi una hora antes (según se refleja en la documental presentada) de la hora de comienzo del acto, según lo hace constar el propio Juez a quo. Pero es que, además, una vez conocida la razón médica que le llevó a acudir a dicho Centro, en vez de ir a la Sala de Vistas a la que estaba citado en forma, fue una conjuntivitis, que venía padeciendo desde una semana antes, por lo que a priori en modo alguno puede deducirse que existían indicios de haber sufrido el inicio repentino de un padecimiento que le impidiera cumplir con su obligación».

6.º Cuando **revelaciones o retractaciones** inesperadas produzcan alteraciones sustanciales en los juicios, haciendo necesarios nuevos elementos de prueba o alguna sumaria instrucción suplementaria.

En este sentido podemos citar la **STS n.º 451/2018, de 10 de octubre, ECLI:ES:TS:2018:3420**, que señala que esta posibilidad de suspensión contribuye a garantizar el principio de igualdad de armas:

> «Como ya se ha dicho, en el Procedimiento Abreviado las partes pueden presentar al inicio del juicio otras pruebas distintas a las propuestas en sus escritos de acusación y defensa, para practicarse "en el acto". Es obvio que esta nueva prueba, cuando es presentada por la acusación, sea testifical, documental o pericial, puede resultar determinante contra el acusado, que se encontraría en situación de no poder presentar "para practicar en el acto" una prueba contradictoria que pudiera desvirtuar o desactivar la nueva presentada por la acusación, lo que nos situaría en un escenario de menoscabo real y efectivo del derecho de defensa. Pues bien, precisamente para evitar esas situaciones indeseadas que pueden ser propiciadas por la propia normativa procesal y por los mismos principios constitucionales, el Legislador ha establecido el sistema que garantice el principio de igualdad de armas y la proscripción de la indefensión, que no es otro que el que regula el art. 746 L.E.Cr . -al que se remite el art. 788.1)- que esta Sala ha interpretado con la mayor flexibilidad y mediante el cual la parte afectada por las nuevas pruebas, puede solicitar la suspensión del juicio para practicar otras pruebas que pudieran enervar las presentadas de contrario y salvaguardar así su derecho de defensa».

Respecto de esta causa, se pronuncia sobre la pertinencia de la prueba la **STS n.º 899/2024, de 24 de octubre, ECLI:ES:TS:2024:5158:**

> «(...) Este Tribunal Supremo ha tenido oportunidad de destacar al respecto que **la nueva prueba debe ser pertinente** en el sentido establecido por la jurisprudencia. Desde este punto de vista **solo lo serán las pruebas que guarden relación con el objeto de decisión del proceso** (ATS de 25 de enero de 2024). La solicitud de suspensión para la práctica de la información es, en definitiva, una manifestación del derecho a producir prueba, establecido con el rango de fundamental por el artículo 24 de la Constitución y consecuentemente, el régimen de admisión o inadmisión, al no tratarse de un derecho ilimitado, viene determinado por la nota de pertinencia a que se refiere el propio artículo 24 citado, pertinencia que, para este supuesto excepcional, viene configurada en la propia norma que lo establece (artículo 746.6 LECrim.) exigiendo que **tales revelaciones inesperadas produzcan alteraciones sustanciales en los juicios, lo cual determina la precisión de existencia de un íntimo enlace entre el fin de la información suplementaria y el objeto de la pretensión punitiva.** Es obvio que, en el caso presente, no se dan tales circunstancias. Mantuviera o no alguna clase de relación sentimental la testigo en la mencionada fecha, ello ostensiblemente no guarda relación alguna con los hechos que aquí se atribuyen a la acusada, recurrente ahora. Ni siquiera en la hipótesis de que la testigo hubiera podido faltar a la verdad acerca de este extremo, deliberadamente, por error o por cualquier causa que fuese, no se advierte la relación sustancial que ello podría guardar con los hechos que han sido objeto de este procedimiento».

La **Audiencia Provincial de Santa Cruz de Tenerife en su sentencia n.º 177/2025, de 27 de junio, ECLI:ES:APTF:2025:736,** respecto de la necesidad de la instrucción suplementaria a efectos de la suspensión establece:

> «El Supremo ha insistido en muchas de sus resoluciones que la suspensión debe ser una **medida excepcional, motivada y proporcional,** especialmente cuando se trata de la enfermedad de un defensor o la incomparecencia de testigos esenciales. El tribunal además debe **valorar si la nueva prueba es esencial para la defensa o la acusación, y si su práctica en ese momento es la única forma de garantizar un juicio justo.**
>
> En el presente caso, entiende la Sala que **independientemente del valor que se pueda apreciar sobre la prueba interesada por la acusación, es una cuestión no esencial en el juicio** por cuanto la determinación de la prueba de ADN sobre el semen hallado en el interior de la denunciante llegaría a despejar la duda de si hubo o no relación completa entre acusado y denunciante, cierto, pero la absolución no viene determinada por este extremo como veremos a continuación sino que se trata de un tema de credibilidad de los testimonios sobre los que la juez a quo llega a la conclusión que hay versiones contradictoras llegando a la absolución del denunciado por este motivo.
>
> En resumen, es cierto que **se podría haber suspendido la celebración de la vista y conforme art 746,6 de la LECRIM haberse practicado una instrucción complementaria,** pero la juez entendió que se debía haber solicitado la práctica de la prueba antes, pues las muestras estaba claro que

sí se habían mandado a analizar si bien el informe llegó tarde. Con todo y con eso, la juez en la sentencia parte de la premisa para llegar a la absolución de que el relato de ambos es contradictorio no dando más valor a una tesis que a otra lo que provocó inexorablemente un fallo absolutorio, y desde este punto no podemos compartir la versión del denunciante y por tanto no procede anular ni la sentencia ni el juicio pues **de la misma se infiere que aunque hubiera habido penetración la sentencia hubiera llegado a la misma conclusión, la absolución de don Constancio por no llegar a entender que la versión de doña Celia sea suficiente para entender enervada la presunción de inocencia** que asiste a don Constancio».

En el caso planteado en la **SAP de Cádiz n.º 219/2025, de 1 de septiembre, ECLI:ES:APCA:2025:2062**, se concluye que no concurren los requisitos necesarios para la suspensión prevista en la causa sexta del artículo 746 de la LECrim. Entiende la audiencia que no se ha producido revelación ni retractación inesperada alguna y la prueba propuesta no se considera necesaria pues el hecho a cuya claridad debía contribuir constaba ya en las actuaciones. Para llegar a esta conclusión cita lo dispuesto por el Alto Tribunal en su **sentencia n.º 677/2022, de 4 de julio, ECLI:ES:TS:2022:2818**, conforme a la cual:

«Esta Sala ha proclamado que la norma procesal, al concretar el artículo 24.2 de la Constitución Española en lo relativo a las posibilidades de defensa de las partes en un procedimiento, reconoce su derecho a producir nueva prueba. Sin embargo, consecuencia última del derecho a un proceso sin dilaciones indebidas y a la preclusión de las fases procesales, **no toda aparición de nueva información abre la oportunidad de realizar una indagación complementaria y demorar la celebración o conclusión del juicio oral previsto o iniciado, sino que sólo es procesalmente admisible en aquellos supuestos en los que la insuficiencia del material probatorio inicialmente propuesto no deriva de un cambio de estrategia o de la inactividad o descuido de la parte**, sino de una modificación de los elementos estructurales de los que debe defenderse, esto es, cuando se producen revelaciones inesperadas con una alteración sustancial del juicio, entendiendo que suponen el descubrimiento de aspectos que no eran conocidos y que resultan relevantes para el objeto del proceso.

Cumplida esta exigencia **es factible pretender una nueva fase probatoria que, sólo en tal caso, deberá administrarse a partir de los ordinarios requisitos de pertinencia y necesidad de la prueba propuesta**. Esto es, por el primero se entiende que exista una relación con el objeto del proceso o, más exactamente, con el tema de prueba. Si aquello que se propone demostrar es ajeno a lo que la nueva decisión del proceso exige que sea demostrado, el medio es no pertinente. En otro caso, la prueba ha de ser también necesaria, que desde su significación constitucional supone que entre el medio y lo que ahora se trata de demostrar exista una relación instrumental ineludible, en el sentido de ofrecer un pronóstico de relevancia para la tesis de alguna de las partes».

También resulta interesante el resumen que sobre esta causa de suspensión efectúa la Audiencia Provincial de Valladolid en su **auto n.º 557/2025, de 27 de octubre, ECLI:ES:APVA:2025:1142A**, citando numerosas sentencias del TS (entre otras, tener presentes la **STS n.º 669/2015, de 29 de octubre, ECLI:ES:TS:2015:4677**, o la **STS n.º 104/2011, de 1 de marzo, ECLI:ES:TS:2011:1316**):

«La información suplementaria prevista en el art. 746.6º de la LECr, como causa de suspensión del juicio está prevista para el caso de que revelaciones o retractaciones inesperadas produzcan alteraciones sustanciales en los juicios, haciendo necesarios nuevos elementos de prueba o alguna sumaria información. Al respecto el Tribunal Supremo (STS 55/97 de 12 de marzo EDJ 1713, STS de 5 de diciembre de 1.997), tiene establecido que la **información suplementaria**, con la singularidad de exigir un retroceso a la fase instructora, clara excepción al principio de preclusión, **solo procede cuando revelaciones o retractaciones inesperadas, han producido alteraciones sustanciales de los presupuestos fácticos merced a los cuales, tanto las partes acusadoras como acusadas, formularon sus conclusiones provisionales fijando el thema decidendi del concreto proceso** añadiendo dicho Tribunal que "la decisión se debe adoptar" "valorando si realmente el acontecimiento procesal que desencadena la petición produce un vuelco imprevisible en el debate."

La decisión, como establece la STS 863/2005, de 17 de junio, se debe acomodar a las circunstancias de la causa, valorando **si realmente el acontecimiento procesal, que desencadena la petición, produce un vuelco imprevisible en el debate**, introduciendo elementos de hecho que dan al traste con la configuración previa del derecho o del diseño de las tácticas de la acusación y de la defensa. Su adecuación y pertinencia debe ponderarse en función de estos principios evitándose que se produzca una situación de indefensión que merme el derecho a un juicio justo y con todas las garantías.» (TS 2ª 29-10-15, EDJ 205661).

La información suplementaria **es una facultad discrecional que tiene su origen en una revelación que no era conocida y que por sí sola da lugar a una alteración sustancial que debe referirse a los hechos hasta ese momento conocidos y que la aportación de nuevos medios probatorios se considere necesaria porque de no efectuarse no quedaría establecida la situación que ha de tenerse por acreditada** (STS 104/2011 de 11 de marzo.) (...)».

CUESTIÓN

¿Puede solicitarse la suspensión en virtud del número sexto del artículo 746 de la LECrim cuando el MF modifica sus conclusiones provisionales en el juicio oral?

Sí, cabría solicitar la suspensión cuando dicha modificación sea sustancial, y si no lo hiciera no podría alegar indefensión *a posteriori*. Así lo recoge la **sentencia de la Audiencia Provincial de La Rioja n.º 95/2018, de 18 de junio, ECLI:ES:APLO:2018:193**:

«La alegación no se acoge, pues la modificación en sede de definitivas de las conclusiones provisionales se ajusta a lo prevenido en la Ley de Enjuiciamiento Criminal (vide artículo 732) y además, no hubo indefensión alguna. Y ello por dos motivos:

Porque no se trató, en modo alguno de una modificación sustancial, sino de una mera modificación de aspectos colaterales y no esenciales, originado por razón de los hechos que pudieren surgir durante la vista a raíz de la prueba practicada.

Porque aun en la hipótesis de que la modificación hubiera sido sustancial (que no lo ha sido), no hubo indefensión desde el momento en que el abogado de la defensa, al proceder el Ministerio Fiscal a modificar sus conclusiones provisionales, no alegó nada en ese momento, sino que se limitó a elevar a definitiva su petición de absolución, sin proceder jamás a pedir la suspensión del juicio tal como en caso de modificación sustancial de las conclusiones le hubieran permitido hacer el artículo 746.6º en relación con el artículo 747 de la Ley de Enjuiciamiento Criminal, o el artículo 788.4 Ley de Enjuiciamiento Criminal aplicable en su caso por analogía».

JURISPRUDENCIA

STS n.º 520/2021, de 16 de junio, ECLI:ES:TS:2021:2378

«(...) Las conclusiones provisionales pueden ser modificadas tras la práctica de la prueba (art. 788.3 LECrim). En principio, las partes gozan de la más absoluta libertad para realizar en sus conclusiones las alteraciones que estimen convenientes. Tratándose de las partes activas han de fijarse algunos límites. No caben mutaciones tan esenciales que supongan una alteración de los elementos básicos identificadores de la pretensión penal tal y como quedó plasmada provisionalmente en los previos escritos de acusación evacuados en la fase de preparación del juicio oral. La rectificación que aquí se denuncia está muy lejos de representar un cambio sustancial de la pretensión: sus repercusiones civiles ya estaban acogidas; las penales quedan embebidas en el conjunto.

No existe merma ninguna del derecho de defensa, ni se han introducido hechos ausentes en las fases previas del proceso.

La STC 33/2003, de 13 de febrero, que también cita el recurrente, enseña que "si bien las modificaciones del escrito de calificaciones provisionales al fijarse las definitivas que suponga una calificación más grave no lesiona el derecho a no ser condenado sin acusación, pues al ceñirse las definitivas el órgano judicial habrá respetado este derecho, sin embargo, esas modificaciones pueden vulnerar el derecho de defensa contradictoria si el acusado no ha podido ejercer la defensa de forma plena en el juicio oral, ni proponer las pruebas que estimara pertinentes, al no conocer con carácter previo a su apertura dicha acusación (por todas STC 9/1982, de 10 de marzo). Ahora bien, tampoco esa vulneración se produce con carácter automático derivada de la introducción de modificaciones esenciales en el escrito de calificaciones definitivas si el acusado ha ejercido el derecho de defensa contra dicha acusación a partir de su conocimiento. En este contexto, es preciso recordar que la Ley de Enjuiciamiento Criminal, en el marco de la regulación del procedimiento ordinario, establece la posibilidad de que se modifiquen las calificaciones provisionales al fijarlas de forma definitiva, pues eso puede resultar necesario en virtud de la prueba practicada (art. 732 LECrim). Y dispone también que el órgano judicial, una vez efectuadas las calificaciones definitivas, puede someter a las partes una nueva calificación jurídica, si considera que la efectuada incurre en manifiesto error, en cuyo caso puede suspender el juicio oral si las partes indicaren que no están suficientemente preparadas para discutir la propuesta (art. 733 LECrim). Asimismo, prevé la suspensión del juicio oral a instancia de parte "cuando revelaciones o retractaciones inesperadas produzcan alteraciones sustanciales en los juicios, haciendo necesarios nuevos elementos de prueba o alguna sumaria instrucción suplementaria" (art. 746.6 en relación con el art. 747 LECri). Con mayor precisión, la Ley de Enjuiciamiento Criminal prevé, para el procedimiento abreviado (art. 793.7), que "cuando en sus conclusiones definitivas, la acusación cambie la tipificación penal de los hechos o se aprecie un mayor grado de participación o de ejecución o circunstancias de agravación de la pena, el Juez o Tribunal podrá conceder un aplazamiento de la sesión, hasta el límite de diez días, a petición de la

> *defensa, a fin de que ésta pueda aportar los elementos probatorios y de descargo que estime convenientes. Tras la práctica de una nueva prueba que pueda solicitar la defensa, las partes acusadoras podrán, a su vez, modificar sus conclusiones definitivas. En suma, no toda modificación de las calificaciones provisionales al fijarse las definitivas que incide en elementos esenciales del hecho constitutivo de delito o que implica una nueva calificación jurídica infringe el derecho de defensa si, utilizando las vías habilitadas al efecto por la Ley de Enjuiciamiento Criminal, se permite su ejercicio respecto de esos nuevos hechos y su calificación jurídica"».*

La causa sexta del artículo 746 de la LECrim concluye señalando «*Cuando el procesado sea una persona jurídica, se estará a lo dispuesto en el artículo 786 bis de esta Ley*».

A TENER EN CUENTA. El artículo 746 de la LECrim en su número sexto alude al artículo 786 bis de la LECrim, si bien el contenido de este precepto se contempla ahora en el artículo 787 bis de la LECrim reenumerado por la LO 1/2025, de 2 de enero, con efectos desde el 03/04/2025. Su contenido es el mismo señalando:

«1. Cuando el acusado sea una persona jurídica, ésta podrá estar representada para un mejor ejercicio del derecho de defensa por una persona que especialmente designe, debiendo ocupar en la Sala el lugar reservado a los acusados. Dicha persona podrá declarar en nombre de la persona jurídica si se hubiera propuesto y admitido esa prueba, sin perjuicio del derecho a guardar silencio, a no declarar contra sí mismo y a no confesarse culpable, así como ejercer el derecho a la última palabra al finalizar el acto del juicio.

No se podrá designar a estos efectos a quien haya de declarar en el juicio como testigo.

2. No obstante lo anterior, la incomparecencia de la persona especialmente designada por la persona jurídica para su representación no impedirá en ningún caso la celebración de la vista, que se llevará a cabo con la presencia del Abogado y el Procurador de ésta».

7.º El Real Decreto-ley 5/2023, de 28 de junio, introduce una **nueva causa de suspensión** para cuando la **persona profesional de la abogacía ha sido designada por el turno de oficio,** en cuyo caso solo se suspenderá el procedimiento por el tiempo que tarde el colegio profesional correspondiente en designar a un nuevo profesional para evitar causar indefensión a la parte.

Añade también que cuando la suspensión se solicite por haberse producido o iniciado el parto de manera repentina, o sin tiempo suficiente como para que otro abogado/a pueda hacerse cargo del asunto y prepararlo, se suspenderá el señalamiento por el tiempo mínimo imprescindible en atención a su complejidad.

Examinadas las distintas causas de suspensión previstas en el artículo 746 de la LECrim se plantea la duda sobre **cómo se acordará ¿es necesario en todo caso que la suspensión se solicite por alguna de las partes? No**, a este respecto cabe traer a colación lo dispuesto en el artículo 747 de la LECrim que admite la posibilidad de que la suspensión se decrete de oficio por el juez o tribunal en los casos previstos en los ordinales 1.º, 2.º, 4.º y 5.º. En el resto de los supuestos cuando proceda se adoptará a instancia de parte.

Así lo expresa la **STS n.° 1912/2001, de 24 de octubre, ECLI:ES:TS:2001:8197**, que dispone lo siguiente:

> «El Tribunal ha mantenido una actitud imparcial, al dejar en manos de la parte a la que interesaba el testimonio, la solicitud de la adopción de las medidas de suspensión, tal como dispone el artículo 747 de Ley Procesal Penal, que sólo prevé la suspensión de oficio en los supuestos de resolución de cuestiones incidentales, práctica de diligencias no testificales fuera del lugar de las sesiones, enfermedad de los componentes del Tribunal, del defensor de cualquiera las partes y enfermedad del procesado. En el caso de incomparecencia de los testigos, la suspensión tiene que venir precedida de la petición de las partes que lo hubiesen propuesto y estimasen imprescindible su declaración. El Ministerio Fiscal debió ser consciente de esta posibilidad y actuar de conformidad con la misma, acudiendo a las fórmulas procesales establecidas, a las que nos hemos referido con anterioridad, luego si alguna indefensión se le ha producido pudo haber sido por no haber utilizado las previsiones legales establecidas para los supuestos concretos establecidos en la normativa procesal».

Por último, de acuerdo con lo establecido en el artículo 749 de la LECrim, cuando por razón de enfermedad de los procesados, miembros del tribunal o defensores de las partes, deba prolongarse indefinidamente la suspensión del juicio, o por un tiempo demasiado largo, se declarará sin efecto la parte del juicio que ya ha sido celebrada.

Lo mismo podrá acordar el tribunal en el caso de que se produzcan revelaciones o retractaciones inesperadas que alteren sustancialmente el juicio, si la preparación de los elementos de prueba o la sumaria instrucción suplementaria exigiere algún tiempo.

En ambos casos, el/la letrado/a de la Administración de Justicia señalará día para nuevo juicio cuando desaparezca la causa de la suspensión o puedan ser reemplazadas las personas reemplazables.

CUESTIÓN

¿Cuándo puede solicitarse la suspensión del juicio oral?

El artículo 785 de la LECrim, tras la modificación llevada a cabo por la LO 1/2025, de 2 de enero, en vigor desde el 03/04/2025, hace referencia en su apartado primero a la celebración de la audiencia preliminar tan pronto como las actuaciones se encuentren a disposición del órgano competente para el enjuiciamiento. Constituye una novedad el hecho de que la audiencia preliminar ya no se hace al inicio del juicio oral sino antes.

A la misma serán convocados el fiscal y las partes, siendo en este momento cuando podrán exponer lo que estimen oportuno sobre varios aspectos entre los que se encuentran las causas de suspensión del juicio oral.

La celebración de la audiencia se ajustará a lo previsto en el citado precepto y requerirá la asistencia del acusado y del abogado defensor. Asimismo, se prohíbe la suspensión de la audiencia preliminar por ausencia injustificada de la persona acusada que haya sido citada debidamente o por la incomparecencia injustificada de las demás partes citadas en forma.

El juez, jueza o tribunal resolverá, entre otras cosas, sobre la cuestión relativa a la suspensión del juicio de forma oral, salvo que, por su complejidad deba hacerlo por escrito. En este caso, el auto debe dictarse en un plazo de 10 días. Contra la resolución que se dicte no cabe recurso, sin perjuicio de la pertinente protesta y de que la cuestión pueda ser reproducida, en su caso, en el recurso frente a la sentencia. Si aquella resolución pone fin al procedimiento, será susceptible de recurso de apelación, en el plazo y con las formalidades prevenidas en los artículos 790 y siguientes de la LECrim.

4.
SUSPENSIÓN DE LOS ACTOS DE CONCILIACIÓN Y JUICIO EN EL ORDEN SOCIAL

Suspensión de los actos de conciliación y juicio en el orden social

La Ley 36/2011, de 10 de octubre, reguladora de la jurisdicción social dedica su art. 83 a la suspensión de los actos de conciliación y juicio.

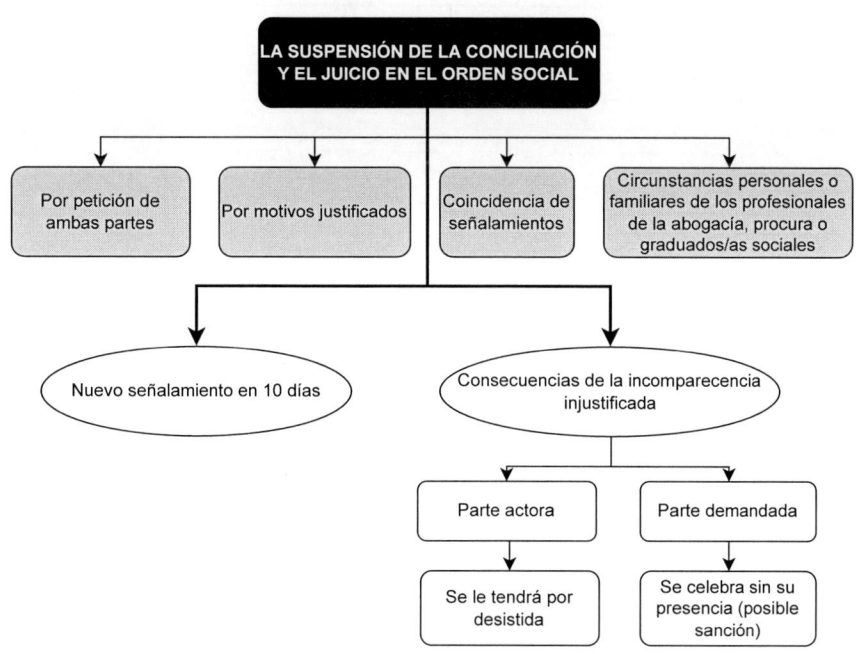

El apdo. 1 del art. 83 de la LRJS establece que «*Sólo a petición de ambas partes o por motivos justificados, acreditados ante el LAJ, podrá éste suspender, por una sola vez, los actos de conciliación y juicio, señalándose nuevamente dentro de los diez días siguientes a la fecha de la suspensión. Excepcionalmente y por circunstancias trascendentes adecuadamente probadas, podrá acordarse una segunda suspensión*».

De esta forma, **será posible suspender los actos de conciliación y juicio una vez:**

- A petición de ambas partes (mutuo acuerdo).
- Por motivos justificados.

Solo **excepcionalmente**, y por circunstancias trascendentes adecuadamente probadas, podrá acordarse una segunda suspensión.

‖ Incomparecencia injustificada de la parte demandante

El apartado 2 del precepto procesal indicado dispone que «*Si el actor, citado en forma, no compareciese ni alegase justa causa que motive la suspensión del acto de conciliación o del juicio, el letrado de la Administración de Justicia en el primer caso y el juez o tribunal en el segundo, le tendrán por desistido de su demanda*».

Sobre la incomparecencia de la parte actora se ha pronunciado nuestro Alto Tribunal en la **STS n.º 102/2023, de 2 de febrero, ECLI:ES:TS:2023:436**, que analizando los pronunciamientos del Tribunal Constitucional en esta materia recuerda que la simple alegación de un motivo justificado no conlleva la suspensión del juicio *ipso iure*, sino que la misma debe probarse, y que además debe la resolución que tenga por desistido a la parte demandante por incomparecencia ser motivada:

> «Este precepto, como ya ha tenido ocasión de señalar esta Sala, en la misma redacción recogida en la LPL 1980 y 1990, fue objeto de la doctrina constitucional diciendo, como refiere la parte recurrida, que en él se venía a contemplar una especie de desistimiento tácito, como presunción de abandono de la acción emprendida y que tenía como causa la incomparecencia del demandante. Como tal presunción de abandono, permitía una prueba en contrario que pusiera de manifiesto su voluntad de continuar con el proceso. De ahí que dicha doctrina favoreciera toda interpretación flexible y antiformalista " de esta norma (SSTC 237/1988, 21/1990, 9/1993, 218/1993, 373/1993, 86/1994, 196/1994), congruente con el propósito del legislador, que no es otro que el de restringir en lo posible las suspensiones inmotivadas o solapadamente dilatorias (STC 3/1993), si bien también hemos advertido que tal interpretación no puede amparar actitudes carentes de la diligencia debida por parte del interesado, lesivas del derecho a la tutela judicial efectiva de la contraparte, de la garantía a un proceso sin dilaciones indebidas o a la regularidad, buen funcionamiento y, en definitiva, integridad objetiva del proceso (SSTC 373/1993, 86/1994, 196/1994).
>
> La STC 195/1999 recuerda, con cita de la STC 373/1993, que **la mera alegación de una causa o motivo justificado no lleva ipso iure a la sus-**

pensión del juicio "por el contrario, la realidad de lo expresado ha de ser adverada, con eficacia probatoria y fuerza de convicción suficiente para llevar al ánimo del juzgador la veracidad de la circunstancia impeditiva de la asistencia (SSTC 3/1993, 196/1994) y, en todo caso, es al órgano judicial a quien corresponde apreciar la concurrencia de las circunstancias imposibilitantes de la comparecencia del actor para acordar la suspensión del juicio, decisión que no admite discrecionalidad alguna pues se ha de adoptar en función de circunstancias concretas, probadas e idóneas para justificar la suspensión, adecuación que es revisable en vía de recurso (SSTC 237/1988, 9/1993). Habiéndose también exigido que **la decisión judicial de considerar desistido al demandante y concluso el proceso se produzca mediante resoluciones que se pronuncien motivadamente** sobre la causa de la incomparecencia, la forma y el momento de su justificación (SSTC 130/1986, 21/1989, 9/1993, 218/1993, y 196/1994)", calificando a la enfermedad como justa causa (STC 9/1993)».

Además, la mentada sentencia también se refiere a la necesidad de que la incomparecencia para producir la suspensión deba ir acompañada de un **aviso previo**, dándole a este el carácter de ineludible:

«Junto a ello, la anterior sentencia también hace referencia al momento procesal oportuno en que la causa de la incomparecencia debe ser puesta en conocimiento del órgano judicial. Y a tal efecto ha dicho que "el art. 83.2 L.P.L. "exige como presupuesto para la posible suspensión de los actos señalados el **aviso previo**. De la incomparecencia sin aviso previo se deduce una voluntad de abandono de la acción o pretensión. Así, **el aviso previo procesal se convierte en una exigencia procesal, cuyo cumplimiento, salvo circunstancias imposibilitantes, deviene ineludible**, sin que pueda dejarse su cumplimiento al arbitrio de las partes, pues se trata de un requisito de orden público, por lo que escapa al poder de decisión de las partes. La consecuencia que se anuda a la incomparecencia sin aviso previo, a saber, el tener por desistido, es una sanción proporcionada a la garantía de obtener un proceso sin dilaciones indebidas, y al derecho a la tutela judicial de la contraparte, sin que pueda subsanarse un vicio de esta naturaleza porque se sacrificaría la regularidad y el buen funcionamiento del proceso" (STC 373/1993, fundamento jurídico 4º). Aunque también se ha admitido, con carácter excepcional, la justificación a posteriori de la causa de inasistencia concurrida cuando, concretamente, la enfermedad constituya un acontecimiento imprevisible, que además a tenor de las circunstancias concurrentes tenga una capacidad obstativa o paralizante de la actividad normal del sujeto (SSTC 21/1989, 9/1993 y 218/1993)».

A TENER EN CUENTA. Para que proceda la suspensión del acto de juicio es necesario que existan motivos justificados que se acrediten ante el/la letrado/a de la Administración de Justicia y que la justificación a posteriori solo es admisible ante circunstancias sobrevenidas o que hagan imposible su acreditación en el momento del señalamiento **(STS, rec. 94/2015, de 9 de diciembre de 2015, ECLI:ES:TS:2015:5719)**.

JURISPRUDENCIA

STS, rec. 1555/2005, de 25 de abril de 2006, ECLI:ES:TS:2006:2636

Se mantiene la no procedencia de la suspensión del acto de juicio por incomparecencia, en ese caso, de la parte demandada, partiendo de que «(...) se desprende únicamente que, en la mañana del mismo día señalado para el juicio verbal (no consta a qué hora), la representante de la empresa demandada se personó en la consulta de un médico dentista, presentando un fuere dolor de muelas, que precisó la extracción de una pieza dentaria. Este hecho, tal como consta y se obtiene de las actuaciones, no puede dar lugar por sí sólo a la imposibilidad de ponerlo, por cualquier medio, en conocimiento del Juzgado con anterioridad al acto del juicio ó, al menos, inmediatamente después de la celebración del acto; lejos de ello, la primera y única alegación que consta al respecto se llevó a cabo en el escrito en el que se formalizó el recurso de suplicación, lo que demuestra una total falta de diligencia por parte de la litigante, que no puede justificar, en modo alguno, la decisión de nulidad que la Sala 'a quo' adoptó'».

Incomparecencia injustificada de la parte demandada

La incomparecencia injustificada de la parte demandada al acto de conciliación no impedirá la celebración de los actos de conciliación y juicio, continuando este sin necesidad de declarar su rebeldía y sin perjuicio de la sanción que, por esta circunstancia, se podrá imponer en sentencia en los términos establecidos en el apartado 3 del artículo 97 de la LRJS.

Como hemos tratado al analizar el señalamiento de los actos de conciliación y juicio, en las cédulas de citación se hará constar que los mismos no podrán suspenderse por incomparecencia de la parte demandada, salvo causas justificadas y en los supuestos legalmente previstos (apartado 4 del artículo 82 de la LRJS).

A TENER EN CUENTA. El apartado 4 del artículo 82 de la LRJS, así como el artículo 83 de la LRJS, apartado tercero, respecto de la incomparecencia injustificada de la parte demandada, han sido modificados por la LO 1/2025, de 2 de enero, en vigor a partir del 03/04/2025.

Incomparecencia injustificada de ambas partes

En el supuesto de que ninguna de las partes compareciese, se dará por desistida a la parte demandante y se ordenará el archivo de actuaciones.

Coincidencia de señalamientos

En caso de coincidencia de señalamientos, de no ser posible la sustitución dentro de la misma representación o defensa, una vez justificados los requisitos del ordinal 6.º del apartado 1 del artículo 188 de la Ley de Enjuiciamiento Civil, previa comunicación por el solicitante a los demás profesionales siempre que consten sus datos en el procedimiento, se procurará, ante todo, acomodar el señalamiento dentro de la misma fecha y, en su defecto, habilitar nuevo señalamiento, adoptando las medidas necesarias para evitar nuevas coincidencias.

CUESTIONES

1. ¿Qué ocurre cuando se produce una coincidencia de señalamientos?

La LRJS recoge que en caso de coincidencia de señalamientos se procurará acomodar el señalamiento dentro de la misma fecha, y si no fuese posible, habilitar un nuevo señalamiento, adoptando las medidas necesarias para evitar nuevas coincidencias.

2. ¿Qué requisitos se exigen para suspender por coincidencia de señalamientos?

En estos supuestos de coincidencia de señalamientos la LRJS alude a los siguientes requisitos:

– No ser posible la sustitución dentro de la misma representación o defensa.

– Comunicación previa por el solicitante a los demás profesionales, siempre que consten sus datos en el procedimiento.

– Justificación de los requisitos del art. 188.1.6.º de la LEC, es decir, que el abogado defensor acredite tener dos señalamientos para el mismo día en distintos tribunales cuando sea imposible su asistencia a ambos, por horario o por distancia entre ambos órganos judiciales, y haber intentado, sin resultado un nuevo señalamiento que evitara la coincidencia. Además, la solicitud de la suspensión debe realizarse en el plazo de 3 días desde la notificación del señalamiento que se reciba en segundo lugar.

Circunstancias personales o familiares del profesional de la abogacía y de la procura

Las personas profesionales de la abogacía y de la procura podrán acogerse a las mismas causas de suspensión por circunstancias personales o familiares que se recogen para cada uno de dichos profesionales en la Ley de Enjuiciamiento Civil. Tales causas de suspensión serán igualmente aplicables a los graduados y graduadas sociales. Esto quiere decir que se podrá solicitar la suspensión y el nuevo señalamiento en los siguientes supuestos:

• Que no les resulte posible asistir a la vista en la fecha señalada por causas de fuerza mayor u otros motivos análogos, tales como nacimiento y cuidado de menor, enfermedad grave y accidente con hospitalización, fallecimiento de cónyuge o de persona a la que estuviese unido en relación análoga al matrimonio, fallecimiento de parientes hasta segundo grado de consanguinidad o afinidad o baja laboral certificada por la seguridad social o sistema sanitario o de previsión social equivalente.

• Por muerte, enfermedad o imposibilidad absoluta, baja por nacimiento y cuidado de menor del abogado o abogada de la parte que pidiere la suspensión o cualquier otra de las circunstancias previstas en el apartado 3 del artículo 179 de la LEC, justificadas suficientemente, a juicio del letrado o letrada de la Administración de Justicia, siempre que tales hechos se hubiesen producido cuando ya no fuera posible solicitar nuevo señalamiento conforme a lo dispuesto en el artículo 183 de la LEC, se garantice el derecho a la tutela judicial efectiva y no se cause indefensión.

• Cuando se den otras situaciones análogas previstas en otros sistemas de previsión social y por el mismo tiempo por el que se otorgue la baja y la prestación de los permisos previstos en la legislación de la Seguridad Social.

A TENER EN CUENTA. El número quinto del apartado 1 del artículo 188 de la LEC dispone en su tercer párrafo que en los casos de urgencia médica ocurrida el mismo día de un señalamiento o dentro de las 24 horas inmediatamente anteriores, para la suspensión del acto procesal bastará la aportación de cualquier medio que permita al tribunal tener conocimiento de la situación generadora de la necesidad de suspensión, sin perjuicio de su necesaria acreditación posterior.

JURISPRUDENCIA

STS n.º 908/2022, de 15 de noviembre, ECLI:ES:TS:2022:4128

Es ajustada a derecho la decisión judicial de tener por desistida a la parte actora, por incomparecencia al acto de conciliación y juicio, cuando no consta que existiera una causa excepcional que le impidiera haber asistido al referido acto ni avisar previamente al órgano judicial de su imposible comparecencia.

CUESTIÓN

¿Se considera causa justificada la incomparecencia del abogado por el retraso de otro procedimiento coincidente en fecha si no lo notificó con anterioridad?

La **STS n.º 78/2019, de 31 de enero, ECLI:ES:TS:2019:442**, da la respuesta a esta cuestión entendiendo que en los casos de incomparecencia del letrado de la parte actora a los actos de conciliación y juicio, por coincidencia de otros señalamientos y sin haber notificado esa situación al órgano judicial conforme a lo dispuesto en el art. 83 de la LRJS, procede tener por desistida a la parte actora, ya que la circunstancia que motivaría la suspensión no fue comunicada previamente:

«(...) se desprenden tres elementos que impiden amparar la actuación de los profesionales que se limitan simplemente a no comparecer al acto de juicio porque coincide en el tiempo con otro señalamiento, sin tan siquiera poner en conocimiento del juzgado esa situación: 1º) Ante todo, la claridad y precisión con la que esos preceptos legales describen la actuación a seguir en esos supuestos, despejando cualquier atisbo de duda que pudiere conducir a su dudosa interpretación; 2º) La sencillez del único requisito que exigen para solicitar la suspensión y aplazamiento del señalamiento coincidente, que consiste en la simple y mera notificación y justificación de esa circunstancia ante el órgano judicial correspondiente; 3º) La gravedad de las consecuencias jurídicas que van aparejadas. En el caso del actor, tenerle por desistido de la demanda; y en el de los demandados, la celebración del juicio en su ausencia.

Tan grave perjuicio obliga a los profesionales a extremar su diligencia y al órgano judicial a exigirles el celoso cumplimiento de las previsiones legales.

Si a esto se añade la facilidad que supone cumplimentar un requisito tan sencillo como es el de poner esa situación en conocimiento del juzgado, la conclusión debe ser la de no ofrecer amparo a aquellas situaciones en las que los profesionales se limitan simplemente a no comparecer en la hora señalada a los actos de conciliación y juicio, con la única excusa de que les coinciden con otro señalamiento y sin haber puesto esa circunstancias en conocimiento del órgano judicial afectado, si no hay causa justa que pudiere erigirse como impedimento para cumplir con un trámite tan elemento y fácil de llevar a la práctica con los modernos medios actuales de comunicación».

A TENER EN CUENTA. Por la reforma realizada por la LO 1/2025, de 2 de enero, una vez implantados de forma efectiva los tribunales de instancia (D.T. 1.ª), todas las referencias realizadas a los juzgados unipersonales se entenderán realizadas a las secciones del orden jurisdiccional correspondiente de los tribunales de instancia.

ANEXO I.
CASOS PRÁCTICOS

Caso práctico | ¿Debo presentar el escrito de la demanda antes de las 20 horas conforme al art. 130 de la LEC?

PLANTEAMIENTO

Un abogado tiene que presentar una demanda por injurias que prescribe el 1 de septiembre de 2023. Ese día tiene un viaje y se plantea si podría presentar el escrito después de las 20 horas, ya que el art. 130 de la LEC establece que las horas hábiles son las que median desde las ocho de la mañana a las ocho de la tarde.

RESPUESTA

El abogado podría presentar la demanda hasta las 24 horas del día 1 de septiembre. Con relación a esta cuestión se ha pronunciado el Tribunal Supremo en la **sentencia n.º 349/2019, de 21 de junio, ECLI:ES:TS:2019:2026,** en la cual señala que para la presentación de la demanda estamos ante un plazo de prescripción civil y no procesal, por lo que, no resulta de aplicación la previsión de horas hábiles que recoge el art. 130 de la LEC. Señala el Alto Tribunal en la sentencia referenciada que:

> «Cuando el art. 5 CC se refiere a los cómputos de los plazos lo hace a días completos (de las 0 a las 24 horas), al no establecer limitación horaria alguna. Como declaró la sentencia de esta sala 447/1989, de 7 de junio , el CC acoge así el criterio del Derecho Romano, de cómputo de días completos (dies civiles) y no el de momento a momento (dies naturalis), salvo casos concretos de excepción que la propia ley señale (en igual sentido, sentencia 252/1973, de 12 de mayo)».

Interpreta el TS que el titular del derecho dispone de la facultad de agotar el plazo concedido por la ley en su integridad y de esta facultad no puede ser privado por las normas procesales u orgánicas.

Caso práctico | Si la persona que estaba en el domicilio se negó a coger la comunicación de una demanda, ¿puede alegarse indefensión?

PLANTEAMIENTO

En un proceso se declaró en rebeldía a la demandada al haber transcurrido el plazo de contestación a la demanda sin que hubiera comparecido. En los autos consta que se intentó la comunicación en su domicilio, y al no encontrarse la demandada en el mismo se intentó la entrega a la persona que se encontraba en la vivienda (su progenitor) quien se negó a hacerse cargo por lo que se introdujo la misma en el buzón en el que constaba el nombre de la demandada. ¿Puede la demandada obtener la nulidad de actuaciones por defectuoso emplazamiento alegando que le habría provocado indefensión?

RESPUESTA

Para dar solución a la cuestión planteada debemos partir del hecho de que la LEC nada dice de la forma de proceder en caso de que la persona que se encuentre en el domicilio se niegue a hacerse cargo de la comunicación. Es por ello que debemos acudir a la jurisprudencia del Tribunal Supremo, como la que se recoge en la **sentencia n.° 620/2015, de 11 de noviembre, ECLI:ES:TS:2015:4598,** que en un caso como el planteado desestima la solicitud de nulidad amparada en la indefensión.

El Alto Tribunal razona que siendo cierto que el lugar de la comunicación es el domicilio de la demandada y que la persona que se encuentra en el domicilio queda enterada de que se le pretendía entregar una documentación judicial para que la hiciese llegar, en este caso, a su hija y que se negó a recibirla procediendo posteriormente a depositarla en el buzón en el que consta el nombre de la demandada, debe concluirse que ha sido la **conducta voluntaria de esta parte la que ha propiciado la falta de emplazamiento.** Y apoya su decisión de no estimar la nulidad en lo siguiente:

«El Tribunal Constitucional ha venido manteniendo que: "No podrá aducir indefensión material alguna, aún en procesos seguidos inaudita parte, cuando de las actuaciones se deduzca que quien la denuncia no ha observado la debida diligencia en la defensa de sus derechos porque el apartamiento del proceso al que se anuda dicha indefensión sea la consecuencia de la pasividad, desinterés, negligencia, error técnico o impericia de las partes o profesionales que les representen o defiendan (SSTC 112/1993; 364/1993; 158/1994 y 262/1994) SSTC 18/1996 de 12 de febrero y 78/1999 de 26 de abril)".

La STC 28/2010, de 27 abril , que la recurrente cita en apoyo de su tesis, en sintonía con lo dicho afirma "[...] salvo que la situación de incomunicación sea imputable a la propia conducta del afectado por haberse situado voluntaria o negligentemente al margen del proceso, pese a tener conocimientos de su existencia [...]"».

Caso práctico | ¿Puedo solicitar la suspensión de un juicio por delito leve por haber sido citado el día anterior a su celebración?

PLANTEAMIENTO

X ha sido citado para un juicio leve que se celebrará al día siguiente en el tribunal correspondiente. ¿Puede solicitar la suspensión del juicio por no haber tenido tiempo suficiente para poder valerse de las pruebas necesarias?

RESPUESTA

Sí, la Audiencia Provincial de A Coruña nos da la respuesta a esta cuestión en su **sentencia n.º 55/2021, de 26 de marzo, ECLI:ES:APC:2021:693**, en la que reconoce que la jueza de instancia que no acordó la suspensión no ha tenido en cuenta la imposibilidad de practicar la prueba.

En el caso analizado la audiencia acuerda la nulidad de actuaciones desde la diligencia de citación al denunciado y, por tanto, la del juicio oral y la de la sentencia, ordenando realizar un nuevo señalamiento para la celebración de un nuevo juicio.

Entre los motivos que justifican esta decisión destaca que ante la petición de suspensión del denunciado la jueza no valoró la circunstancia de que la notificación se produjo un lunes a las 15:40 horas (fuera de horas hábiles y con la oficina judicial cerrada al público), y el juicio se celebró al día siguiente a las 10:20 horas, ante lo cual debería haberse estimado la petición de suspensión realizada en la que se invocaba que la premura de tiempo le impedía valerse de pruebas de descargo al no existir tiempo material para su citación.

En este sentido se recoge en la mentada sentencia que:

> «Conforme a lo expuesto, en la regulación legal se dice que "Asimismo, para acordar la inmediata celebración del juicio, el Juzgado de guardia tendrá en cuenta si ha de resultar imposible la práctica de algún medio de prueba que se considere imprescindible" y se "acordará celebrar de forma inmediata el juicio si, estando identificado el denunciado, fuere posible citar a todas las personas que deban ser convocadas paraque comparezcan mientras dure el servicio de guardia y concurran el resto de requisitos exigidos por el artículo 963"
> En el presente caso, la juzgadora no ha valorado la posibilidad de que resultase la imposibilidad de práctica de algún medio de prueba y la posibilidad de citar a todas las personas que debían ser convocadas».

A TENER EN CUENTA. Por la reforma realizada por la LO 1/2025, de 2 de enero, una vez implantados de forma efectiva los tribunales de instancia (D.T. 1.ª), todas las referencias realizadas a los juzgados unipersonales se entenderán realizadas a las secciones del orden jurisdiccional correspondiente de los tribunales de instancia.

Caso práctico | Consecuencias de la ausencia del abogado a los actos de conciliación y juicio por coincidencia de señalamientos

PLANTEAMIENTO

En un procedimiento laboral, el/la abogado/a de la parte demandante tiene otro señalamiento el mismo día y con muy poco tiempo de diferencia. Dado que la hora no es exactamente la misma no ha notificado nada al tribunal, pero finalmente no llega a su hora a la conciliación, lo que motiva que se le tenga por desistido del procedimiento. ¿Es ajustada a derecho la resolución judicial que tiene por desistida a la parte actora?

RESPUESTA

Sí, el Tribunal Supremo entiende que debería haber notificado al órgano judicial la situación, ya que la coincidencia temporal de señalamientos era conocida con antelación, y contaba con el mecanismo recogido en el art. 83 de la LRJS.

> **A TENER EN CUENTA.** El artículo 83 de la LRJS, apartado tercero, respecto de la incomparecencia injustificada de la parte demandada, ha sido modificado por la LO 1/2025, de 2 de enero, en vigor a partir del 03/04/2025.

Y así se ha pronunciado en la **STS n.º 78/2019, de 31 de enero, ECLI:ES:TS:2019:442**, que recuerda que, tal y como se establece en el art. 83.1 de la LRJS procederá la suspensión de los actos de conciliación y juicio cuando coincidan señalamientos y no sea posible la sustitución dentro de la misma representación y defensa, con la previa comunicación por el solicitante a los demás profesionales. Estableciendo a continuación la consecuencia que traería la incomparecencia de la parte actora, que en estos casos se tendría por desistido de la demanda.

Señala la mentada sentencia que: «Tan categórica advertencia permite conocer a las partes y a los profesionales que actúan en su defensa, los graves perjuicios que se pueden derivar del incumplimiento de un trámite tan fácil y sencillo como es el de notificar al juzgado la posible coincidencia de señalamientos en diferentes órganos judiciales».

Incide el Tribunal Supremo en los arts. 183 y 188 de la LEC que regulan la coincidencia de señalamientos como causa de suspensión, concluyendo que, en caso de coincidencia de señalamientos, el órgano judicial que corresponda está obligado a suspender el acto judicial del que se trate y acordar una nueva fecha para su celebración cuando el/la letrado/a de cualquiera de las partes así lo notifique en tiempo y forma.

> «Se garantiza de esta forma una completa protección del derecho a la tutela judicial efectiva que consagra el art. 24 CE, que tan solo pende del diligente cumplimiento por los profesionales que actúan en defensa de las partes de un requisito tan elemental como es el de poner esas circunstancias en conocimiento del juzgado, en tiempo y forma suficiente para cumplir adecuadamente con las obligaciones que estos preceptos les imponen, a sabiendas de las gravosas consecuencias jurídicas que pueden desprenderse en caso contrario».

Se destacan en la sentencia tres elementos que amparan la decisión judicial de tener por desistida a la parte actora en estos casos:

- La claridad y precisión con la que los preceptos legales describen la actuación a seguir en esos supuestos.

- La sencillez del único requisito que exigen para solicitar la suspensión y aplazamiento del señalamiento coincidente, que consiste en la simple y mera notificación y justificación de esa circunstancia ante el órgano judicial correspondiente.

- La gravedad de las consecuencias jurídicas que van aparejadas. En el caso del actor, tenerle por desistido de la demanda; y en el de los demandados, la celebración del juicio en su ausencia.

A pesar de que el TS contempla en su análisis el habitual retraso en los tribunales que puede llevar al abogado/a a creer que llegará a tiempo a ambos señalamientos, establece que no puede servir este hecho de excusa para ignorar la obligación de ponerse en contacto con el órgano judicial afectado para poner en su conocimiento el mayor o menor retraso con el que se puede estar desarrollando el primero de los actos judiciales a los que están asistiendo.

Por todo lo expuesto, entiende nuestro Alto Tribunal que:

> «(...) la conclusión debe ser la de no ofrecer amparo a aquellas situaciones en las que los profesionales se limitan simplemente a no comparecer en la hora señalada a los actos de conciliación y juicio, con la única excusa de que les coinciden con otro señalamiento y sin haber puesto esa circunstancias en conocimiento del órgano judicial afectado, si no hay causa justa que pudiere erigirse como impedimento para cumplir con un trámite tan elemento y fácil de llevar a la práctica con los modernos medios actuales de comunicación.
>
> Lo contrario supondría infringir los derechos que el ordenamiento jurídico atribuye a la contraparte, si con ello se dejan de aplicar las consecuencias legales expresamente dispuestas en la norma con esa rotundidad».

A TENER EN CUENTA. Por la reforma realizada por la LO 1/2025, de 2 de enero, una vez implantados de forma efectiva los tribunales de instancia (D.T. 1.ª), todas las referencias realizadas a los juzgados unipersonales se entenderán realizadas a las secciones del orden jurisdiccional correspondiente de los tribunales de instancia.

Caso práctico | Ante la ausencia de un acusado ¿puede celebrarse el juicio sin él o debe suspenderse?

PLANTEAMIENTO

En un procedimiento penal, ¿es obligatorio suspender el juicio si no está presente alguna de las personas acusadas?

RESPUESTA

La respuesta a esta cuestión la encontramos en la LECrim, y es distinta en función de si se trata de un delito leve, o en el caso de los procedimientos abreviados, si se trata de un acusado con una pena inferior a dos años, una pena superior, o los supuestos en los que existe una pluralidad de acusados y alguno de ellos no asiste.

En primer lugar, para el caso de los **delitos leves** recoge la LECrim que cuando el acusado se encuentre debidamente citado con las formalidades prescritas en la LECrim, la ausencia injustificada del acusado no suspenderá la celebración del juicio, con una excepción para aquellos supuestos en los que el juez crea necesaria su declaración, bien de oficio o bien a instancia de parte (art. 971 de la LECrim).

En segundo lugar, y para los **procedimientos abreviados**, tras la modificación operada por la LO 1/2025, de 2 de enero (en vigor desde el 03/04/2025), el apartado 1 del artículo 787 de la LECrim, parte de la premisa de que «La celebración del juicio oral requiere preceptivamente la asistencia de la persona acusada y del abogado o abogada defensor (…)».

El mentado precepto, en su párrafo segundo, prevé que en caso de ausencia injustificada de la persona acusada citada personalmente o en el domicilio o persona a que alude el artículo 775 de la LECrim, no se acordará la suspensión del juicio oral siempre que el juez, la jueza o el tribunal, a solicitud del MF o de la parte acusada y oída la defensa, entienda que existen elementos suficientes para el enjuiciamiento. Para ello se requiere que concurran dos requisitos:

- La pena más grave solicitada no exceda de dos años de privación de libertad, de 6 años si es de distinta naturaleza o se trate de pena de multa cualquiera que sea su cuantía o duración.

- Tratándose de penas privativas de libertad, la suma total de las solicitadas no exceda de 5 años.

Debido al carácter garantista del proceso penal, cuando no concurran los requisitos anteriores el juicio no podrá celebrarse en ausencia de la persona acusada y deberá, por tanto, procederse a suspender el juicio.

En el caso de que sean **varias las personas acusadas en un procedimiento**, es importante recalcar que el art. 787.1 de la LECrim establece que «(…) si hubiere varias personas acusadas y alguna de ellas deja de comparecer sin motivo legítimo, apreciado por el juez, la jueza o el tribunal, podrá este acordar, oídas las partes, la continuación del juicio para los restantes».

En el mismo sentido la causa de suspensión número 6 del artículo 746 de la LECrim recoge en su segundo párrafo que: «No se suspenderá el juicio por la enfermedad o incomparecencia de alguno de los procesados citados personalmente, siempre que el Tribunal estimare, con audiencia de las partes y haciendo constar en el acta del juicio las razones de la decisión, que existen elementos suficientes para juzgarles con independencia».

También hay que tener en consideración el art. 842 de la LECrim, que recoge que:

> «Si fueren dos o más los procesados y no a todos se les hubiese declarado en rebeldía, **se suspenderá el curso de la causa respecto a los rebeldes** hasta que sean hallados, **y se continuará respecto a los demás**».

Cabe citar aquí la **STS n.º 174/2021, de 25 de febrero, ECLI:ES:TS:2021:595**, en la que la sala establece que:

> «(...) La decisión a tomar ante esa vicisitud se rige por lo dispuesto en los arts. 786.1 (procedimiento abreviado) y 746, párrafo penúltimo y 850.5.º (procedimiento ordinario) LECrim. El Juez o Tribunal puede acordar la celebración del juicio para los comparecidos cuando no concurra motivo legítimo debidamente acreditado para la ausencia, y existan elementos suficientes para el enjuiciamiento por separado; y, además, en todo caso, cuando estuviese declarada la rebeldía del incomparecido. Hay que aplicar integradamente la normativa de ambas modalidades procesales (abreviado y ordinario) (STS 626/2016, de 13 de julio)».

A TENER EN CUENTA. Tras la reforma llevada a cabo por la LO 1/2025, de 2 de enero, en vigor desde el 3 de abril de 2025, la referencia hecha en la sentencia anterior al artículo 786 de la LECrim, apartado 1, debe entenderse hecha al mismo apartado del artículo 787 de la LECrim.

ANEXO II.
FORMULARIOS

Escrito solicitando nuevo señalamiento de vista por causas art. 183 de la LEC

A TENER EN CUENTA. Por la reforma realizada por la LO 1/2025, de 2 de enero, una vez implantados de forma efectiva los tribunales de instancia (D.T. 1.ª), todas las referencias realizadas a los juzgados unipersonales se entenderán realizadas a las secciones del orden jurisdiccional correspondiente de los tribunales de instancia.

Procedimiento [DESCRIPCIÓN]

Número [NÚMERO] / [AÑO]

AL JUZGADO DE PRIMERA INSTANCIA NÚMERO [NÚMERO] DE [LUGAR]/A LA SECCIÓN CIVIL DEL TRIBUNAL DE INSTANCIA DE [LOCALIDAD] (1)

Don/Doña [NOMBRE_PROCURADOR_CLIENTE], procurador/a de los tribunales y de **don/doña** [NOMBRE_CLIENTE], según tengo acreditado en el procedimiento de referencia, bajo la dirección letrada de **don/doña** [NOMBRE_ABOGADO_CLIENTE], ante este juzgado/esta sección comparezco y, como mejor proceda en derecho,

DIGO

Con fecha [DÍA] de [MES] de [AÑO], me ha sido notificada providencia de fecha [FECHA], por la cual se acuerda la celebración de la vista para el día [FECHA], a las [NÚMERO] horas, interesando, mediante la presente, **NUEVO SEÑALAMIENTO DE VISTA** y ello en atención a las siguientes:

ALEGACIONES

PRIMERA.- En el presente procedimiento el/la letrado/a director, encargado/a de la defensa de mi patrocinado/a, es don/doña [NOMBRE_ABOGADO_CLIENTE], con núm. de colegiado/a [NÚMERO_COLEGIADO_ABOGADO_CLIENTE] tal y como se ha hecho constar en las propias actuaciones.

SEGUNDA.- El referido letrado/a lleva la defensa de don/doña [NOMBRE] en la causa [DESCRIPCIÓN], sobre la que se ha señalado vista el [DÍA] a las [HORAS] horas.

Debido a [ACREDITAR CAUSAS CONTENIDAS EN EL ARTÍCULO 183 DE LA LEC] **(2)**. Por dicha causa (que acreditamos documentalmente junto con el presente escrito mediando los documentos [NÚMERO] Y [NÚMERO]) le resulta imposible asistir a la vista en el día señalado.

TERCERA.- A la vista de lo expuesto y al amparo del artículo 183 de la LEC vengo a solicitar el nuevo señalamiento de la vista, entendiendo que no lesiona derecho alguno a la adversa, sino que más bien se vulnerarían los derechos a la tutela judicial efectiva y defensa de mi patrocinado/a para el caso de no señalar nueva fecha para la vista; siendo la causa alegada más que probada en atención a la documental adjunta.

Por lo expuesto,

SUPLICO AL JUZGADO/A LA SECCIÓN:

Que tenga por presentado este escrito y documentos que lo acompañan, se sirva admitirlos teniendo por acreditado la imposibilidad del letrado/a de asistir a la vista indicada, y previos los trámites legales oportunos, y al amparo del artículo 183 de la LEC, acuerde NUEVO SEÑALAMIENTO DE LA VISTA dejando sin efecto el señalamiento realizado y fijando nueva fecha para la vista el/la letrado/a de la Administración de Justicia con citación de las partes.

Por ser justicia que pido en [LUGAR], a [FECHA]

[FIRMA_ABOGADO]   [FIRMA_PROCURADOR]

---

(1) Por la reforma realizada por la LO 1/2025, de 2 de enero, una vez implantados de forma efectiva los tribunales de instancia (D.T. 1.ª), todas las referencias realizadas a los juzgados unipersonales se entenderán realizadas a las secciones del orden jurisdiccional correspondiente de los tribunales de instancia.

(2) Nueva versión del artículo 183 de la LEC dada por el RD-ley 6/2023, de 19 de diciembre, con entrada en vigor el 20/03/2024: «*1. Si a cualquiera de los que hubieren de acudir a una vista le resultare imposible asistir a ella en el día señalado, por causa de fuerza mayor u otro motivo de análoga entidad, tales como nacimiento y cuidado de menor, enfermedad grave y accidente con hospitalización, fallecimiento de cónyuge o de persona a la que estuviese unido en relación análoga al matrimonio, fallecimiento de parientes hasta segundo grado de consanguinidad o afinidad o baja laboral certificada por la seguridad social o sistema sanitario o de previsión social equivalente, lo manifestará de inmediato al tribunal, acreditando cumplidamente la causa o motivo y solicitando señalamiento de nueva vista o resolución que atienda a la situación.*
2. Cuando sea el abogado o abogada de una de las partes quien considerare imposible acudir a la vista o acto procesal de que se trate, si se considerase atendible y acreditada la situación que se alegue, el letrado o letrada de la Administración de Justicia hará nuevo señalamiento.
3. Cuando sea la parte quien alegue la situación de imposibilidad, prevista en el apartado primero, el Letrado de la Administración de Justicia, si considerase atendible y acreditada la situación que se alegue, adoptará una de las siguientes resoluciones:
1.ª Si la vista fuese de procesos en los que la parte no esté asistida de abogado o representada por procurador, efectuará nuevo señalamiento.
2.ª Si la vista fuese para actuaciones en que, aun estando la parte asistida por abogado o representada por procurador, sea necesaria la presencia personal de la parte, efectuará igualmente nuevo señalamiento de vista.
En particular, si la parte hubiese sido citada a la vista para responder al interrogatorio regulado en los artículos 301 y siguientes, el Letrado de la Administración de Justicia efectuará nuevo señalamiento, con las citaciones que sean procedentes. Lo mismo resolverá cuando esté citada para interrogatorio una parte contraria a la que alegase y acreditase la imposibilidad de asistir.
3 bis. Si una de las partes o de las personas que han de intervenir en la vista es una persona con una edad de ochenta años o más, podrá solicitar y así se acordará por el letrado o la letrada de la Administración de Justicia que se practique el señalamiento en las primeras horas de audiencia o bien en las últimas, en función de las necesidades de la persona afectada.
4. El Letrado de la Administración de Justicia pondrá en conocimiento del Tribunal la fecha y hora fijadas para el nuevo señalamiento, en el mismo día o en el día hábil siguiente a aquél en que hubiera sido acordado.

5. Cuando un testigo o perito que haya sido citado a vista por el Tribunal manifieste y acredite encontrarse en la misma situación de imposibilidad expresada en el primer apartado de este precepto, el Letrado de la Administración de Justicia dispondrá que se oiga a las partes por plazo común de tres días sobre si se deja sin efecto el señalamiento de la vista y se efectúa uno nuevo o si se cita al testigo o perito para la práctica de la actuación probatoria fuera de la vista señalada. Transcurrido el plazo, el Tribunal decidirá lo que estime conveniente, y si no considerase atendible o acreditada la excusa del testigo o del perito, mantendrá el señalamiento de la vista y el Letrado de la Administración de Justicia lo notificará así a aquéllos, requiriéndoles a comparecer, con el apercibimiento que prevé el apartado segundo del artículo 292.

6. Cuando el Letrado de la Administración de Justicia, al resolver sobre las situaciones a que se refieren los apartados 2 y 3 anteriores, entendiera que el abogado o el litigante han podido proceder con dilación injustificada o sin fundamento alguno, dará cuenta al Juez o Tribunal, quien podrá imponerles multa de hasta seiscientos euros, sin perjuicio de lo que el LAJ resuelva sobre el nuevo señalamiento.

La misma multa podrá imponerse por el Tribunal en los supuestos previstos en el apartado 5 de este artículo, de entender que concurren las circunstancias a que se alude en el párrafo anterior».

Escrito solicitando la suspensión del procedimiento en el orden civil

A TENER EN CUENTA. Por la reforma realizada por la LO 1/2025, de 2 de enero, una vez implantados de forma efectiva los tribunales de instancia (D.T. 1.ª), todas las referencias realizadas a los juzgados unipersonales se entenderán realizadas a las secciones del orden jurisdiccional correspondiente de los tribunales de instancia.

Procedimiento: [DESCRIPCIÓN]

Número: [NÚMERO] / [AÑO]

AL JUZGADO DE PRIMERA INSTANCIA N.º [NÚMERO] DE [LOCALIDAD]/A LA SECCIÓN CIVIL DEL TRIBUNAL DE INSTANCIA DE [LOCALIDAD] (1)

Don/Doña [NOMBRE_PROCURADOR_CLIENTE], procurador/a de los tribunales, en representación de **don/doña** [NOMBRE], con la asistencia del/de la letrado/a don/doña [NOMBRE_ABOGADO_CLIENTE]; y el/la también procurador/a **don/doña** [NOMBRE_PROCURADOR_PARTE_CONTRARIA], en representación de **don/doña** [NOMBRE_PARTE_CONTRARIA], asistido por el/la letrado/a don/doña [NOMBRE_ABOGADO_PARTE_CONTRARIA]; el primero en concepto de parte actora y el segundo de parte demandada en los autos de [CONCEPTO] número [AUTOS_NÚMERO] sobre [DESCRIPCIÓN] seguidos en este juzgado/esta sección, ante el/la mismo/a comparecemos y, de común acuerdo,

DECIMOS

Por la presente, y siguiendo las expresas instrucciones de nuestros/as representados/as, ponemos en conocimiento del juzgado/de la sección los siguientes,

HECHOS

PRIMERO.- El [DÍA] de [MES] de [AÑO], don/doña [NOMBRE] interpuso demanda de juicio ordinario por [DESCRIPCIÓN].

SEGUNDO.- Con motivo de la existencia de [ESPECIFICAR_MOTIVOS], don/doña [NOMBRE] y don/doña [NOMBRE] de común acuerdo vienen a solicitar la suspensión del proceso civil **(2)** durante el plazo de [NÚMERO] **(3)** días.

FUNDAMENTOS DE DERECHO

ÚNICO.- De acuerdo con lo previsto en el artículo 19 de la Ley de Enjuiciamiento Civil, apartado 4: «Asimismo, las partes podrán solicitar la suspensión del proceso, que será acordada por el Letrado de la Administración de Justicia mediante decreto siempre que no perjudique al interés general o a tercero y que el plazo de la suspensión no supere los sesenta días».

Cabe citar aquí el **auto de la Audiencia Provincial de Sevilla, rec. 206/2005 de 10 de marzo, ECLI:ES:APSE:2005:602A**: «(...) es admisible la suspensión del proceso pero exige acuerdo de las partes, es decir, no basta la petición de una de las partes(...)».

En su virtud,

SUPLICAMOS AL JUZGADO/A LA SECCIÓN:

Que teniendo por presentado este escrito junto con sus documentos y copias de todo ello, lo tenga por presentado y lo admita, acordando tener por hechas estas alegaciones, y suspendiendo el proceso durante [NÚMERO] días.

Por ser Justicia que se pide en [CIUDAD], a [DÍA] de [MES] de [AÑO]

[FIRMA_ABOGADO/AS]   [FIRMA_PROCURADOR/AS]

---

(1) Por la reforma realizada por la LO 1/2025, de 2 de enero, una vez implantados de forma efectiva los tribunales de instancia (D.T. 1.ª), todas las referencias realizadas a los juzgados unipersonales se entenderán realizadas a las secciones del orden jurisdiccional correspondiente de los tribunales de instancia.

(2) Ejemplo a consignar: «Que estando en vías de solventar extrajudicialmente la cuestión objeto del litigio, solicitamos de conformidad con el artículo 19.4 LEC la suspensión del procedimiento».

(3) La suspensión solicitada no podrá ser superior a 60 días.

Escrito solicitando la suspensión de vista por imposibilidad de comparecer de la parte demandante

> **A TENER EN CUENTA.** Por la reforma realizada por la LO 1/2025, de 2 de enero, una vez implantados de forma efectiva los tribunales de instancia (D.T. 1.ª), todas las referencias realizadas a los juzgados unipersonales se entenderán realizadas a las secciones del orden jurisdiccional correspondiente de los tribunales de instancia.

Procedimiento: [ESPECIFICAR]

Número: [NÚMERO/AÑO]

AL JUZGADO DE PRIMERA INSTANCIA N.° [NÚMERO] DE [LOCALIDAD]/A LA SECCIÓN CIVIL DEL TRIBUNAL DE INSTANCIA DE [LOCALIDAD] (1)

Don/Doña [NOMBRE]**,** mayor de edad, obrando mis datos en el procedimiento de referencia, ante este juzgado/esta sección comparezco y, como mejor proceda en derecho,

DIGO

PRIMERO.- En fecha [FECHA] se presentó demanda de juicio verbal por mi parte contra don/doña [NOMBRE _CONTRAPARTE].

SEGUNDO.- En fecha [FECHA] se me ha notificado la contestación de la demanda con fecha [FECHA] en la que la adversa ha interesado la celebración de vista, así como el interrogatorio de mi persona, procediendo el juzgado al/la sección a la que me dirijo a datar la vista el [FECHA].

Se adjunta como **documento n.°** [NÚMERO] copia de la notificación del señalamiento.

TERCERO.- Como queda acreditado en la documentación que se adjunta junto con este escrito como **documento n.°** [NÚMERO], el día [FECHA] se me ha comunicado que el mismo día de la vista se me realizará una intervención quirúrgica, lo que me impide poder asistir a la vista.

CUARTO.- No siendo posible solicitar nuevo señalamiento conforme al art. 183 de la LEC y ante la imposibilidad de asistir al acto del juicio intereso la suspensión de la vista de conformidad con la causa cuarta del apartado 1 del artículo 188 de la Ley de Enjuiciamiento Civil.

Por lo expuesto,

SUPLICO AL JUZGADO/A LA SECCIÓN:

Que tenga por presentado este escrito junto con sus copias y documentos adjuntos, los admita, les dé la tramitación legal oportuna y, tras los trámites de rigor proceda a la suspensión de la vista acordada.

Por ser Justicia que pido en [CIUDAD], a [DÍA] de [MES] de [AÑO]

Fdo. [NOMBRE Y FIRMA DEL INTERESADO]

---

(1) Por la reforma realizada por la LO 1/2025, de 2 de enero, una vez implantados de forma efectiva los tribunales de instancia (D.T. 1.ª), todas las referencias realizadas a los juzgados unipersonales se entenderán realizadas a las secciones del orden jurisdiccional correspondiente de los tribunales de instancia.

Solicitud de suspensión de procedimiento por prejudicialidad civil (Interesado por una de las partes)

A TENER EN CUENTA. Por la reforma realizada por la **LO 1/2025, de 2 de enero**, una vez implantados de forma efectiva los tribunales de instancia (**D.T. 1.ª**), todas las referencias realizadas a los juzgados unipersonales se entenderán realizadas a las secciones del orden jurisdiccional correspondiente de los tribunales de instancia.

Procedimiento: [DESCRIPCIÓN]

Número: [NÚMERO]

AL JUZGADO DE PRIMERA INSTANCIA NÚMERO [NÚMERO] **DE** [LOCALIDAD]/A LA SECCIÓN CIVIL DEL TRIBUNAL DE INSTANCIA DE [LOCALIDAD] **(1)**

Don/Doña [NOMBRE_PROCURADOR/A_CLIENTE], procurador/a de los tribunales, en nombre y representación de **don/doña** [NOMBRE_CLIENTE] bajo la dirección letrada de **don/doña** [NOMBRE_ABOGADO/A_CLIENTE], tal y como consta acreditado en las presentes actuaciones, ante este juzgado/esta sección comparezco y, como mejor proceda en derecho,

DIGO

Que, en virtud de lo dispuesto en el art. 43 de la LEC, por la presente formulo **petición de SUSPENSIÓN DEL PROCEDIMIENTO** [NÚMERO] **por prejudicialidad civil** y ello con base en los siguientes,

HECHOS

PRIMERO.- Por demanda de fecha [DÍA] de [MES] de [AÑO], se interesaba la condena a mi mandante de [DESCRIPCIÓN].

SEGUNDO.- Por esta representación se ha tenido conocimiento de la existencia del procedimiento [DESCRIPCIÓN], el cual versa sobre [DESCRIPCIÓN], cuyo resultado vincularía la decisión del presente, en tanto en cuanto [DESCRIPCIÓN].

TERCERO.- Se acompañan a estos hechos los siguientes documentos:

1. **Documento n.º** [NÚMERO].

2. **Documento n.º** [NÚMERO].

3. **Documento n.º** [NÚMERO].

4. **Documento n.º** [NÚMERO].

5. **Documento n.º** [NÚMERO].

A los anteriores hechos les son de aplicación los siguientes,

FUNDAMENTOS DE DERECHO

PRIMERO.- Indica el **art. 43 de la LEC en su párrafo 1.º:** «Cuando para resolver sobre el objeto del litigio sea necesario decidir acerca de alguna cuestión que, a su vez, constituya el objeto principal de otro proceso pendiente ante el mismo o distinto tribunal civil, si no fuere posible la acumulación de autos, el tribunal, a petición de ambas partes o de una de ellas, oída la contraria, podrá mediante auto decretar la suspensión del curso de las actuaciones, en el estado en que se hallen, hasta que finalice el proceso que tenga por objeto la cuestión prejudicial».

Esto es lo que se entiende producido en el presente procedimiento, a tenor de la prueba tanto presentada como solicitada, por lo que interesamos se dicte auto por el que se declare la suspensión del procedimiento.

Concretamente el procedimiento que se sigue ante el juzgado de [DESCRIPCIÓN]/la sección [ESPECIFICAR] del tribunal de instancia de [LOCALIDAD] podría confluir en contradicciones dispositivas con el presente procedimiento, en cuanto [DESCRIPCIÓN].

SEGUNDO.- Jurisprudencialmente se han desarrollado las causas de apreciación de la prejudicialidad civil, por ejemplo, el **auto de la Audiencia Provincial de Tarragona n.º 105/2023, de 3 de mayo, ECLI:ES:APT:2023:362A** señala:

> «En tal sentido el TS señala en sentencias de 20 de diciembre y 19 de abril de 2005 que " o operativo es la sujeción que, por razones de lógica y conexión legal, determinan una prejudicialidad entre el objeto de un litigio y otro, de tal alcance que vinculan el resultado del segundo al del primero".
> "Por consiguiente, para la apreciación de la prejudicialidad civil será precisa la concurrencia de los siguientes requisitos:
> 1º Que exista un proceso previo a aquél en el que se suscita la prejudicialidad civil del primero.
> 2º Que las decisiones a adoptar en dicho proceso previo vinculen y determinen las que a su vez hayan de tomarse en el segundo (interdependencia en su resolución), de modo que el primer proceso se encuentre en relación de medio a fin respecto del segundo.
> 3º Que exista una identidad o coincidencia sustancial entre los objetos procesales respectivos de modo que el proceso anterior interfiera o prejuzgue al segundo, con riesgo de dividir la continencia de la causa y de pronunciarse sentencias contradictorias"».

De los efectos de la prejudicialidad, la **Audiencia Provincial de Tarragona en la sentencia n.º 255/2023, de 26 de abril, ECLI:ES:APT:2023:554** establece que: «Es por ello que sí, promovido un proceso se constata que existe otro pendiente con el que aun cuando no concurriendo la completa identidad subjetiva, objetiva y causal, existe una interdependencia esencial entre ambos (o el anterior determina y vincula aspectos de la decisión del posterior, o están planteadas algunas cuestiones que forman parte de la decisión del posterior), lo que procede es la suspensión del proceso ulterior con fundamento en la concurrencia de una prejudicialidad civil».

Por tanto, en primer lugar, entendemos que existe la prejudicialidad civil alegada, y, en segundo lugar, que una vez admitida la misma, el tribunal debe suspender las actuaciones hasta que se resuelva por el juzgado [DESCRIPCIÓN]/la sección [ESPECIFICAR] del tribunal de instancia de [LOCALIDAD] el procedimiento generador de la meritada prejudicialidad.

En su virtud,

SUPLICO AL JUZGADO/A LA SECCIÓN:

Que teniendo por presentado este escrito con los documentos que se acompañan y sus copias, los admita, les de la tramitación legal pertinente y previos los trámites de rigor se dicte auto por el que, **declarando la EXISTENCIA DE PREJUDICIALIDAD CIVIL, ACUERDE** la **SUSPENSIÓN** del presente procedimiento.

Por ser de justicia que se pide en [LOCALIDAD], a [DÍA] de [MES] de [AÑO].

[FIRMA_ABOGADO/A]   [FIRMA_PROCURADOR/A]

OTROSI DIGO.- Siendo intención de esta parte cumplir con todos los requisitos legales, a tenor de lo previsto en el artículo 231 de la Ley de Enjuiciamiento Civil, se solicita se nos diere traslado de cualquier defecto que adoleciere la presente, para la inmediata subsanación de la misma.

SUPLICO AL JUZGADO/A LA SECCIÓN:

Que tenga por efectuada la anterior manifestación a los efectos oportunos.

Por ser de justicia, fecha y lugar *ut supra*.

[FIRMA_ABOGADO/A]   [FIRMA_PROCURADOR/A]

---

(1) Por la reforma realizada por la **LO 1/2025, de 2 de enero**, una vez implantados de forma efectiva los tribunales de instancia (**D.T. 1.ª**), todas las referencias realizadas a los juzgados unipersonales se entenderán realizadas a las secciones del orden jurisdiccional correspondiente de los tribunales de instancia.

Recurso de reposición contra resolución que deniega la suspensión por cuestión prejudicial penal

> **A TENER EN CUENTA.** Por la reforma realizada por la LO 1/2025, de 2 de enero, una vez implantados de forma efectiva los tribunales de instancia (D.T. 1.ª), todas las referencias realizadas a los juzgados unipersonales se entenderán realizadas a las secciones del orden jurisdiccional correspondiente de los tribunales de instancia.

Procedimiento: [PROCEDIMIENTO]

Número: [NÚMERO/AÑO]

AL JUZGADO DE PRIMERA INSTANCIA NÚMERO [NÚMERO]/A LA SECCIÓN CIVIL DEL TRIBUNAL DE INSTANCIA DE [LUGAR] (1)

Don/Doña [NOMBRE_PROCURADOR_CLIENTE], procurador/a de los tribunales y de **don/doña** [NOMBRE_CLIENTE], representación que consta debidamente acreditada en los autos de referencia, ante el juzgado/la sección comparezco y, como mejor proceda en derecho,

DIGO

Por medio del presente escrito, en tiempo y forma debidos, y al amparo de lo establecido en los artículos 41, 451 y 452 de la LEC, vengo a interponer **RECURSO DE REPOSICIÓN frente a la resolución de** [FECHA]**,** denegatoria de suspensión del asunto de referencia por prejudicialidad penal, por infracción de lo establecido en el artículo 40 de la LEC **(2)**, de conformidad con los siguientes,

HECHOS

PRIMERO.- De la resolución de [FECHA] **que acuerda denegar la suspensión del presente procedimiento por prejudicialidad penal.**

Con fecha [FECHA], fue dictada resolución que acuerda denegar la suspensión del presente procedimiento por prejudicialidad penal.

Efectivamente, dicha resolución establece, en su parte dispositiva, lo siguiente:

[DESCRIPCIÓN] **(3).**

SEGUNDO.- De la infracción de lo establecido en el artículo 40 de la LEC y en el apartado 2 del artículo 10 de la LOPJ, sobre prejudicialidad penal.

El artículo 40 de la LEC dispone:

> «1. Cuando en un proceso civil se ponga de manifiesto un hecho que ofrezca apariencia de delito o falta perseguible de oficio, el tribunal civil, mediante providencia, lo pondrá en conocimiento del Ministerio Fiscal, por si hubiere lugar al ejercicio de la acción penal.

2. En el caso a que se refiere el apartado anterior, no se ordenará la suspensión de las actuaciones del proceso civil sino cuando concurran las siguientes circunstancias:

1.ª Que se acredite la existencia de causa criminal en la que se estén investigando, como hechos de apariencia delictiva, alguno o algunos de los que fundamenten las pretensiones de las partes en el proceso civil.

2.ª Que la decisión del tribunal penal acerca del hecho por el que se procede en causa criminal pueda tener influencia decisiva en la resolución sobre el asunto civil.

3. La suspensión a que se refiere el apartado anterior se acordará, mediante auto, una vez que el proceso esté pendiente sólo de sentencia.

4. No obstante, la suspensión que venga motivada por la posible existencia de un delito de falsedad de alguno de los documentos aportados se acordará, sin esperar a la conclusión del procedimiento, tan pronto como se acredite que se sigue causa criminal sobre aquel delito, cuando, a juicio del tribunal, el documento pudiera ser decisivo para resolver sobre el fondo del asunto.

5. En el caso a que se refiere el apartado anterior no se acordará por el Tribunal la suspensión, o se alzará por el Letrado de la Administración de Justicia la que aquél hubiese acordado, si la parte a la que pudiere favorecer el documento renunciare a él. Hecha la renuncia, se ordenará por el Letrado de la Administración de Justicia que el documento sea separado de los autos.

6. Las suspensiones a que se refiere este artículo se alzarán por el Letrado de la Administración de Justicia cuando se acredite que el juicio criminal ha terminado o que se encuentra paralizado por motivo que haya impedido su normal continuación.

7. Si la causa penal sobre falsedad de un documento obedeciere a denuncia o querella de una de las partes y finalizare por resolución en que se declare ser auténtico el documento o no haberse probado su falsedad, la parte a quien hubiere perjudicado la suspensión del proceso civil podrá pedir en éste indemnización de daños y perjuicios, con arreglo a lo dispuesto en los artículos 712 y siguientes».

Por su parte, el apartado 2 del artículo 10 de la LOPJ establece:

«No obstante, la existencia de una cuestión prejudicial penal de la que no pueda prescindirse para la debida decisión o que condicione directamente el contenido de ésta determinará la suspensión del procedimiento mientras aquélla no sea resuelta por los órganos penales a quienes corresponda, salvo las excepciones que la ley establezca».

Pues bien, la resolución que aquí recurrimos en reposición infringe lo dispuesto en los transcritos artículos toda vez que [DESCRIPCIÓN] **(4) (5)**.

En consecuencia, el recurso habrá de ser estimado y, por consiguiente, suspendida la tramitación del presente procedimiento por prejudicialidad penal.

Por todo ello,

SUPLICO AL JUZGADO/A LA SECCIÓN:

Que, teniendo por presentado este escrito junto con sus copias y documentos adjuntos, se sirva admitirlo, tenga por interpuesto en tiempo y forma recurso de reposición frente a la resolución [DESCRIPCIÓN] denegatoria de la suspensión por prejudicialidad penal y, tras los trámites oportunos, acuerde estimarlo, dejando sin efecto la resolución recurrida y suspendiendo el presente procedimiento por prejudicialidad penal, condenando en costas a la parte contraria si se opusiera a este recurso.

Es justicia que se pide en [LOCALIDAD], a [DÍA] de [MES] de [AÑO].

Ltdo. [NOMBRE]   Proc. [NOMBRE]

[NÚMERO_COLEGIADO_   [NÚMERO_COLEGIADO_
ABOGADO_CLIENTE]   PROCURADOR_CLIENTE]

OTROSÍ DIGO PRIMERO: de conformidad con el apartado cuarto de la disposición adicional 15.ª de la LOPJ esta parte ha consignado la cantidad de 25 euros en la cuenta de depósitos del tribunal, como se acredita mediante la copia del justificante de ingreso que aportamos como **documento número** [NÚMERO].

SUPLICO AL JUZGADO/A LA SECCIÓN:

Que tenga por efectuada la anterior manifestación a los efectos oportunos.

OTROSÍ DIGO SEGUNDO: siendo intención de esta parte cumplir con todos los requisitos legales, a tenor de lo previsto en el artículo 231 de la Ley de Enjuiciamiento Civil, se solicita se le diere traslado de cualquier defecto que adoleciere el presente recurso, para la inmediata subsanación del mismo.

SUPLICO AL JUZGADO/A LA SECCIÓN:

Que tenga por efectuada la anterior manifestación a los efectos oportunos.

Es justicia que pido en el lugar y fecha *ut supra*.

Ltdo. [NOMBRE]   Proc. [NOMBRE]

[NÚMERO_COLEGIADO_   [NÚMERO_COLEGIADO_
ABOGADO_CLIENTE]   PROCURADOR_CLIENTE]

---

(1) Por la reforma realizada por la LO 1/2025, de 2 de enero, una vez implantados de forma efectiva los tribunales de instancia (D.T. 1.ª), todas las referencias realizadas a los juzgados unipersonales se entenderán realizadas a las secciones del orden jurisdiccional correspondiente de los tribunales de instancia.

(2) El artículo 452 de la LEC establece:

«1. El recurso de reposición deberá interponerse en el plazo de cinco días, expresándose la infracción en que la resolución hubiera incurrido a juicio del recurrente.

2. Si no se cumplieran los requisitos establecidos en el apartado anterior, se inadmitirá, mediante providencia no susceptible de recurso, la reposición interpuesta frente a providencias y autos no definitivos, y mediante decreto directamente recurrible en revisión la formulada contra diligencias de ordenación y decretos no definitivos».

Toda vez que el presente recurso versa sobre la denegación de suspensión por prejudicialidad penal, se alegan como infringidos el artículo 40 de la LEC y el apartado 2 del artículo 10 de la LOPJ.

(3) Extractar aquí el contenido de la parte dispositiva de la resolución que se recurre en reposición.

(4) Exponer aquí los motivos que fundamentan el recurso de reposición.

(5) A continuación se extractan parcialmente algunas resoluciones a fin de dejar ejemplos de en qué circunstancias concretas no sería estimado el recurso:

- ATS, rec. 5185/2019, de 30 de noviembre de 2021, ECLI:ES:TS:2021:15925A:

«Según lo expuesto, al haberse acreditado que la causa penal dirigida frente a los aquí recurridos ha sido archivada, procede desestimar el recurso de reposición interpuesto y confirmar el auto de 16 de junio de 2020 dictado por esta Sala».

- ATS, rec. 5881/2018, de 14 de septiembre de 2021, ECLI:ES:TS:2021:11466A:

«El recurso de reposición se desestima porque en el mismo se insiste en atribuir a las diligencias de investigación de la fiscalía una relevancia (para la suspensión de las presentes actuaciones por prejudicialidad penal) que no tienen, toda vez que el auto recurrido es claro y contundente en cuanto a la no concurrencia de los requisitos del art. 40.2 LEC, al haber sido la causa de inadmisión del recurso de casación "el incumplimiento de los requisitos exigidos para su correcta formulación", y la providencia de 25 de mayo del corriente año ya declaró al respecto que "tampoco la circunstancia de que el recurrido en casación no contara inicialmente con abogado habilitado para defenderle determinaba que necesariamente tuviera que admitirse el recurso de casación interpuesto…ni que esta parte recurrente estuviera exenta de justificar la concurrencia de los requisitos legales necesarios para que pudiera admitirse su recurso [de casación]*".*

- ATS, rec. 374/2020, de 16 de junio, ECLI:ES:TS:2020:3579A:

«Según dispone el art. 40. 2 LEC:

"[…]no se ordenará la suspensión de las actuaciones del proceso civil sino cuando concurran las siguientes circunstancias:

1.ª Que se acredite la existencia de causa criminal en la que se estén investigando, como hechos de apariencia delictiva, alguno o algunos de los que fundamenten las pretensiones de las partes en el proceso civil.

2.ª Que la decisión del tribunal penal acerca del hecho por el que se procede en causa criminal pueda tener influencia decisiva en la resolución sobre el asunto civil[…]*"*

En aplicación de este artículo, se viene declarando que no procede acceder a la solicitud de suspensión por prejudicialidad penal cuando los hechos investigados en vía penal no tienen relación con la controversia jurídica que pende ante esta sala, y por tanto, el resultado de la causa penal en trámite no condiciona la resolución del recurso o los recursos interpuestos (entre los más recientes, autos de 25 de junio de 2019, rec. 3450/2016 y 33/2018, y 17 de octubre de 2019, rec. 3099/2017)».

- ATS, rec. 5185/2019, de 16 de junio de 2020, ECLI:ES:TS:2020:3834A:

«El artículo 10.2 de la Ley Orgánica del Poder Judicial, establece que: "la existencia de una cuestión prejudicial penal, de la que no pueda prescindirse para la debida decisión o que condicione directamente el contenido de ésta, determinará la suspensión del procedimiento, mientras aquella no sea resuelta por los órganos penales o quienes corresponda, salvo las excepciones que la Ley establezca", y, el artículo 40 de la Ley de Enjuiciamiento Civil determina las diversas circunstancias que han de concurrir para acordar la suspensión de las actuaciones del proceso civil debido a prejudicialidad penal.

De acuerdo a este último precepto y aun dándose el primero de los requisitos que se exigen para acordar la suspensión por prejudicialidad penal, cual es la pendencia de una causa penal, sin embargo, también es necesario que el proceso esté pendiente únicamente de sentencia (art. 40.3), lo que implica, en todo caso, la vigencia del proceso civil. Puesto que en este caso se ha dictado auto de inadmisión a trámite de los recursos extraordinario por infracción procesal y de casación con fecha…. y esta resolución es firme, la solicitud formulada por la parte recurrente no puede ser acogida, ya que ha perdido su objeto y, por ello, carece ya de fundamento».

Oposición a recurso de apelación contra auto que acuerda la suspensión por prejudicialidad civil

Procedimiento: [PROCEDIMIENTO]

Número: [NÚMERO/AÑO]

A LA AUDIENCIA PROVINCIAL DE [PROVINCIA]

Don/Doña [NOMBRE_PROCURADOR], procurador/a de los tribunales en nombre y representación de don/doña [DATOS_CLIENTE], tal y como consta debidamente acreditado en autos, y bajo la dirección letrada de don/doña [NOMBRE_LETRADO], colegiado/a n.º [NÚMERO_COLEGIADO] del Ilustre Colegio de Abogados de [LOCALIDAD], ante la Audiencia comparezco y como mejor proceda en derecho,

DIGO

Habiéndose notificado a esta parte por el/la letrado/a de la Administración de Justicia la interposición de recurso de apelación por la parte contraria, frente al auto número [NÚMERO_AUTO] de fecha [FECHA_AUTO] por el que se declara la suspensión del procedimiento por prejudicialidad civil, mediante el presente escrito formulo **OPOSICIÓN AL RECURSO DE APELACIÓN**, en tiempo y forma, y ello en base a las siguientes,

ALEGACIONES

PRIMERA.- La presente oposición se formula conforme a lo establecido en el apartado 1 del artículo 461 de la Ley de Enjuiciamiento Civil que señala: «Del escrito de interposición del recurso de apelación, el letrado o letrada de la Administración de Justicia dará traslado a las demás partes, emplazándolas por diez días para que presenten escrito de oposición al recurso o, en su caso, de impugnación de la resolución apelada en lo que le resulte desfavorable».

SEGUNDA.- En el presente caso se dan las condiciones recogidas en el artículo 43 de la Ley de Enjuiciamiento Civil. En este sentido el **auto de la Audiencia Provincial de Barcelona n.º 263/2021, de 18 de noviembre, ECLI:ES:APB:2021:11439A**:

> «(...) una cuestión es prejudicial cuando, entre dos procesos, de algún modo conexos, la resolución previa del objeto principal de un proceso pendiente es necesaria para resolver sobre el objeto litigioso del otro proceso, no siendo posible la acumulación de autos. Por lo tanto, la Ley no califica la cuestión como prejudicialidad civil en cualquier caso, sino que requiere que su resolución previa sea necesaria para el segundo proceso.
>
> Al respecto no cabe duda que los principios jurisprudenciales consagrados en torno a la prejudicialidad civil, como apéndice o complemento de la litispendencia, son de plena aplicación a la misma en su concepción autónoma. En tal sentido la jurisprudencia (Sentencias del Tribunal Supremo de 22 de marzo de 2006 y 26 de marzo de 2008) equipara la litispendencia, denominada impropia, con la prejudicialidad civil, de modo que la llamada litispendencia impropia o prejudicialidad civil se produce, como ha dicho la Sentencia del Tribunal Su-

premo de 22 de marzo de 2006, cuando hay conexión entre el objeto de los dos procesos, de modo que lo que en uno de ellos se decida resulte antecedente lógico de la decisión de otro (Sentencias del Tribunal Supremo de 20 de noviembre de 2000, 31 de mayo, 1 de junio y 20 de diciembre de 2005), aun cuando no concurran todas las identidades que exigía el artículo 1252 del Código Civil».

TERCERA.- Esta parte entiende que la resolución recurrida se ajusta a derecho y por ello procede la suspensión del procedimiento por prejudicialidad civil, en base a los siguientes motivos [DESCRIPCIÓN].

Por lo expuesto,

SUPLICO A LA AUDIENCIA:

Que tenga por presentado este escrito, lo admita y tenga por formulado **ESCRITO DE OPOSICIÓN** al recurso de apelación formulado por don/doña [NOMBRE_PARTE_CONTRARIA], y teniendo por ratificado el auto apelado declare la suspensión del procedimiento por prejudicialidad civil conforme a lo establecido en el artículo 43 de la Ley de Enjuiciamiento Civil.

Por ser justicia que pido en [CIUDAD], a [DÍA] de [MES] de [AÑO]

Firmado: Don/Doña   Firmado: Don/Doña

[NOMBRE_ABOGADO_CLIENTE]   [NOMBRE_PROCURADOR_CLIENTE]

OTROSÍ DIGO PRIMERO: siendo intención de esta parte cumplir con todos los requisitos legales, a tenor de lo previsto en el artículo 231 de la Ley de Enjuiciamiento Civil, se solicita se le diere traslado de cualquier defecto que adoleciere la presente oposición, para la inmediata subsanación de la misma.

En su virtud,

SUPLICO A LA AUDIENCIA:

Que tenga por efectuada la anterior manifestación a los efectos oportunos.

Es justicia que pido en el lugar y fecha *ut supra*.

Firma   Firma

[NOMBRE_ABOGADO_CLIENTE]   [NOMBRE_PROCURADOR_CLIENTE]

Solicitud de suspensión del expediente de jurisdicción voluntaria por concurrencia de procedimiento contencioso

> **A TENER EN CUENTA.** Por la reforma realizada por la **LO 1/2025, de 2 de enero**, una vez implantados de forma efectiva los tribunales de instancia (**D.T. 1.ª**), todas las referencias realizadas a los juzgados unipersonales se entenderán realizadas a las secciones del orden jurisdiccional correspondiente de los tribunales de instancia.

Procedimiento: [PROCEDIMIENTO]

Número: [NÚMERO/AÑO]

AL JUZGADO DE PRIMERA INSTANCIA NÚMERO [NÚMERO] DE [LOCALIDAD]/A LA SECCIÓN CIVIL/DE LO MERCANTIL DEL TRIBUNAL DE INSTANCIA DE [ESPECIFICAR] (1)

Don/Doña [NOMBRE_PROCURADOR_CLIENTE], procurador/a de los tribunales, actuando en nombre y representación de **don/doña** [NOMBRE_CLIENTE], según consta acreditado en las presentes actuaciones, bajo la asistencia letrada de don/doña [NOMBRE_ABOGADO_CLIENTE] colegiado/a número [NÚMERO] del ICA [LOCALIDAD], ante el juzgado/sección comparezco y como mejor proceda en derecho,

DIGO

Que, por medio del presente escrito, y en la invocada representación, conforme a lo dispuesto en el apartado 3 del artículo 6 de la Ley 15/2015, de 2 de julio, de la Jurisdicción Voluntaria, interesa la **SUSPENSIÓN** del presente procedimiento, todo ello en base a los siguientes,

HECHOS

PRIMERO.- Por demanda de conciliación de fecha [DÍA_MES_AÑO], formulada por esta representación procesal contra el aquí conciliado, se interesaba la celebración del acto de conciliación con aquel, a fin de que se aviniese a [ESPECIFICAR] y en consecuencia a [ESPECIFICAR].

SEGUNDO.- Con posterioridad a la admisión a trámite de la conciliación promovida por esta representación procesal, en fecha [DIA_MES_AÑO], se notificó a mi mandante cédula de citación a la que acompaña resolución de admisión a trámite de la demanda de procedimiento [ESPECIFICAR], del Juzgado de Primera Instancia n.º [NÚMERO]/Sección de lo civil del Tribunal de Instancia de [LOCALIDAD_JUZGADO/SECCIÓN], ante él seguido, y que ha sido formulada por el aquí conciliado, en calidad de demandante en aquellas actuaciones, interesando [ESPECIFICAR PRETENSIÓN], confiriéndole a mi mandante [ESPECIFICAR] días de plazo para comparecer en calidad de demandado y contestar a la demanda.

Se acompaña como **documento n.º** [NÚMERO] copia de la cédula de citación de fecha [DÍA_MES_AÑO], y resolución de admisión a trámite de la demanda de procedimiento [ESPECIFICAR], del Juzgado de Primera Instancia n.º [NÚMERO]/Sección de lo civil del Tribunal de Instancia de [LOCALIDAD_JUZGADO/SECCIÓN].

TERCERO.- El apartado 3 del artículo 6 de la Ley 15/2015, de 2 de julio, de Jurisdicción Voluntaria determina que se acordará la suspensión del expediente de jurisdicción voluntaria una vez se acredite la existencia de un proceso jurisdiccional contencioso cuya resolución pudiese afectarle, debiendo tramitarse el incidente conforme a lo dispuesto en el artículo 43 de la Ley de Enjuiciamiento Civil.

Por su parte, el art. 43 de la LEC, referido a la prejudicialidad civil, dispone que:

> «Cuando para resolver sobre el objeto del litigio sea necesario decidir acerca de alguna cuestión que, a su vez, constituya el objeto principal de otro proceso pendiente ante el mismo o distinto tribunal civil, si no fuere posible la acumulación de autos, el tribunal, a petición de ambas partes o de una de ellas, oída la contraria, podrá mediante auto decretar la suspensión del curso de las actuaciones, en el estado en que se hallen, hasta que finalice el proceso que tenga por objeto la cuestión prejudicial.
> Contra el auto que deniegue la petición cabrá recurso de reposición, y contra el auto que acuerde la suspensión cabrá presentar recurso de apelación».

CUARTO.- En el presente supuesto, la identidad objetiva entre la conciliación promovida por mi patrocinado en fecha [DÍA_MES_AÑO], y la posterior demanda de procedimiento [ESPECIFICAR], del Juzgado de Primera Instancia n.º [NÚMERO]/Sección de lo civil del Tribunal de Instancia de [LOCALIDAD_JUZGADO/SECCIÓN], ante él seguido, y que ha sido formulada por el aquí conciliado, en calidad de demandante en aquellas actuaciones, interesando [ESPECIFICAR], se compadece precisamente con la situación contemplada en el artículo 6.3 de la Ley de Jurisdicción Voluntaria, por lo que de conformidad con este y con la previsión del artículo 43 de la LEC, procede decretar la suspensión del presente expediente en tanto en cuanto no sea resuelto el proceso jurisdiccional contencioso antes enunciado, cuya resolución puede afectar al que aquí ocupa.

Por lo expuesto,

SUPLICO AL JUZGADO/A LA SECCIÓN:

Que tenga por presentado este escrito, con sus copias y documentos que lo acompañan, se digne admitirlo, y tenga por comunicada la existencia del procedimiento número [ESPECIFICAR] seguido ante el Juzgado de Primera Instancia n.º [NÚMERO]/Sección de lo civil del Tribunal de Instancia de [LOCALIDAD_JUZGADO/SECCIÓN], cuya resolución puede afectar al presente expediente, debiendo acordarse la suspensión del mismo hasta que no recaiga resolución que ponga fin a aquel.

Por ser justicia que pido en [LUGAR], a [DÍA_MES_AÑO]

    Firma letrado/a   Firma procurador/a

---

(1) Conforme a la **D.A.1.ª de la LO 1/2025, de 2 de enero**, las referencias de la LJV a los juzgados de primera instancia y de lo mercantil deben entenderse hechas a las secciones correspondientes de los tribunales de instancia, cuya implementación finaliza el 31/12/2025.

Solicitud de prejudicialidad penal y suspensión de procedimiento civil

A TENER EN CUENTA. Por la reforma realizada por la **LO 1/2025, de 2 de enero**, una vez implantados de forma efectiva los tribunales de instancia (**D.T. 1.ª**), todas las referencias realizadas a los juzgados unipersonales se entenderán realizadas a las secciones del orden jurisdiccional correspondiente de los tribunales de instancia.

Procedimiento: [DESCRIPCIÓN]

Número: [NÚMERO]

AL JUZGADO DE PRIMERA INSTANCIA NÚMERO [NÚMERO] DE [LOCALIDAD]/A LA SECCIÓN CIVIL DEL TRIBUNAL DE INSTANCIA DE [LOCALIDAD] (1)

Don/Doña [NOMBRE_PROCURADOR_CLIENTE], procurador/a de los tribunales, en nombre y representación de **don/doña** [NOMBRE_CLIENTE], bajo la dirección letrada de don/doña [NOMBRE_ABOGADO/A], colegiado/a n.º [NÚMERO] del ICA de [LUGAR] tal y como consta acreditado en las presentes actuaciones, ante este juzgado/esta sección comparezco y, como mejor proceda en derecho

DIGO

Que por la presente formulo **petición de suspensión del procedimiento** [NÚMERO] **seguido ante este juzgado/esta sección por prejudicialidad penal.**

Y ello con respecto a los siguientes,

HECHOS

PRIMERO.- Por demanda de fecha [DÍA] de [MES] de [AÑO], se interesaba la condena a mi mandante de [DESCRIPCIÓN] partiendo de la presentación como prueba de [DESCRIPCIÓN].

SEGUNDO.- Por esta representación se ha tenido conocimiento de la existencia de causa penal iniciada por [DESCRIPCIÓN] en fecha [FECHA] contra la actora en el presente procedimiento.

TERCERO.- Toda vez que en la referida causa, a cuyos autos nos remitimos a efectos probatorios, solicitando ya desde este instante el testimonio de los mismos para su unión a la presente, se investiga la perpetración de un posible delito, entre otros, de falsedad documental (en concreto de uno de los principales documentos que se aportan y en que se basa la demanda rectora), es por lo que entendemos que, en virtud de lo dispuesto en el artículo 40 de la LEC, concretamente en sus apartados 1, 2 y 4 debe suspenderse el proceso en curso.

CUARTO.- Se acompañan a estos hechos los siguientes documentos:

- **Documento n.º** [NÚMERO].
- **Documento n.º** [NÚMERO].

- **Documento n.º** [NÚMERO].
- **Documento n.º** [NÚMERO].
- **Documento n.º** [NÚMERO].

A los anteriores hechos les son de aplicación los siguientes,

FUNDAMENTOS DE DERECHO

PRIMERO.- Indica el **artículo 40 apartado 1 de la LEC** que «Cuando en un proceso civil se ponga de manifiesto un hecho que ofrezca apariencia de delito o falta perseguible de oficio, el tribunal civil, mediante providencia, lo pondrá en conocimiento del Ministerio Fiscal, por si hubiere lugar al ejercicio de la acción penal».

Asimismo, el **apartado 2.º del referido artículo 40** menta que:

> «En el caso a que se refiere el apartado anterior, no se ordenará la suspensión de las actuaciones del proceso civil sino cuando concurran las siguientes circunstancias:
> 1.ª Que se acredite la existencia de causa criminal en la que se estén investigando, como hechos de apariencia delictiva, alguno o algunos de los que fundamenten las pretensiones de las partes en el proceso civil.
> 2.ª Que la decisión del tribunal penal acerca del hecho por el que se procede en causa criminal pueda tener influencia decisiva en la resolución sobre el asunto civil».

Esto es lo que se entiende producido en el presente procedimiento, a tenor de la prueba tanto presentada como solicitada, por lo que interesamos se dicte auto por el que se declare la suspensión del procedimiento.

SEGUNDO.- En concordancia con lo indicado en el fundamento anterior, y de conformidad con lo dispuesto en el **apartado 4 del meritado artículo 40 de la LEC:**

> «No obstante, la suspensión que venga motivada por la posible existencia de un delito de falsedad de alguno de los documentos aportados se acordará, sin esperar a la conclusión del procedimiento, tan pronto como se acredite que se sigue causa criminal sobre aquel delito, cuando, a juicio del tribunal, el documento pudiera ser decisivo para resolver sobre el fondo del asunto».

Entendemos que la suspensión se debe acordar inmediatamente, sin necesidad de esperar a la pendencia de la sentencia, tal y como infiere el mentado apartado 3 del artículo 40 de la LEC.

TERCERO.- Entendiendo, por tanto, la existencia de causa penal, con respecto a un documento decisivo en el procedimiento, encontramos más que justificada la petición realizada.

A este respecto, se debe indicar la posibilidad de no acuerdo de suspensión o alzamiento del mismo, del **apartado 5 del artículo 40 de la LEC**, para el caso de que se renuncie por la parte del documento que la pudiere favorecer.

Concreta la **sentencia de la Audiencia Provincial de Palma de Mallorca n.º 64/2017, de 6 de marzo, ECLI:ES:APIB:2017:455**: «Pues bien, ratificamos el fundamento jurídico primero de la sentencia recurrida, y sobre el particular resaltamos que, como se indica en los autos de 13 de enero y 2 de noviembre de 2004 de esta Sección, en materia de prejudicialidad penal en un proceso civil, la regla general es la no suspensión del procedimiento civil, salvo que exista causa criminal según las condiciones y requisitos o circunstancias reseñadas en el artículo 40 de la LEC, "pues no puede restringirse injustificada e irrazonablemente el derecho de acceso a los Tribunales para el ejercicio de la acción (STS de 31-3-95 y SSTS núm. 121/94, 102/90, 164/90, 192/92 y 20/1993), consagrándose la prejudicialidad penal para los **supuestos de que la sentencia civil haya de fundarse exclusivamente en la existencia de un delito**, pero con un criterio que debe ser restrictivo", y ello con la finalidad de evitar indebidas paralizaciones o retrasos del procedimiento civil mediante denuncias o querellas infundadas. En estos casos la suspensión sólo se acordará cuando el proceso esté pendiente sólo de sentencia. Por excepción, **se admite la suspensión del procedimiento sin esperar a su conclusión cuando a juicio del Tribunal el documento puede ser decisivo para resolver sobre el fondo del asunto**. Dicho criterio ha sido claramente recogido en la Exposición de Motivos de la vigente LEC, y la finalidad esencial es evitar dilaciones indebidas en el procedimiento, con una exigencia de que el procedimiento penal afecte a cuestiones directamente relacionadas con las pretensiones de las partes, no a las relacionadas de modo accesorio».

En su virtud,

SUPLICO AL JUZGADO/A LA SECCIÓN:

Que teniendo por presentado este escrito con el documento que se acompaña y justificantes de traslado al procurador de la parte contraria, se sirva admitirlo y, previo dictamen del Ministerio Fiscal, se dicte auto por el que, **declarando la EXISTENCIA DE PREJUDICIALIDAD PENAL, ACUERDE la SUSPENSIÓN** del presente procedimiento.

Por ser de justicia que se pide en [LOCALIDAD], a [DÍA] de [MES] de [AÑO].

[FIRMA_ABOGADO/A]   [FIRMA_PROCURADOR/A]

OTROSÍ DIGO.- Siendo intención de esta parte cumplir con todos los requisitos legales, a tenor de lo previsto en el artículo 231 de la Ley de Enjuiciamiento Civil, se solicita se nos diere traslado de cualquier defecto que adoleciese la presente, para la inmediata subsanación de la misma.

SUPLICO AL JUZGADO/A LA SECCIÓN:

Que tenga por efectuada la anterior manifestación a los efectos oportunos.

Por ser de justicia, fecha y lugar *ut supra*.

[FIRMA_ABOGADO/A]   [FIRMA_PROCURADOR/A]

---

(1) Por la reforma realizada por la **LO 1/2025, de 2 de enero**, una vez implantados de forma efectiva los tribunales de instancia (**D.T. 1.ª**), todas las referencias realizadas a los juzgados unipersonales se entenderán realizadas a las secciones del orden jurisdiccional correspondiente de los tribunales de instancia.

Solicitud de suspensión del juicio por enfermedad del representante en el orden social

> **A TENER EN CUENTA.** Por la reforma realizada por la LO 1/2025, de 2 de enero, una vez implantados de forma efectiva los tribunales de instancia (D.T. 1.ª), todas las referencias realizadas a los juzgados unipersonales se entenderán realizadas a las secciones del orden jurisdiccional correspondiente de los tribunales de instancia. La citada norma también modifica el apartado tercero del artículo 83 de la LRJS en vigor desde el 03/04/2025.

Autos: [NÚMERO_AUTOS]

AL JUZGADO DE LO SOCIAL NÚMERO [NÚMERO]/A LA SECCIÓN DE LO SOCIAL DEL TRIBUNAL DE INSTANCIA DE [LOCALIDAD] (1)

D./D.ª [NOMBRE_ABOGADO_CLIENTE], letrado/a del Ilustre Colegio de [LOCALIDAD], en nombre y representación de **don/doña** [NOMBRE_CLIENTE], actor en los presentes autos, contra don/doña [NOMBRE_PARTE_CONTRARIA] sobre [ESPECIFICAR], comparezco y, como mejor proceda en derecho,

DIGO

PRIMERO.- En las presentes actuaciones, por resolución de fecha [FECHA] se ha acordado señalar el próximo día [DÍA] de [MES], a las [HORA] horas de su mañana, para la celebración de los actos de conciliación y, en su caso, juicio.

SEGUNDO.- El apartado 1 del artículo 83 de la Ley Reguladora de Jurisdicción Social, prescribe que sólo a petición de ambas partes o por motivos justificados, acreditados ante el órgano judicial, podrán suspenderse por una sola vez los actos de conciliación y juicio, señalándose nuevamente dentro de los diez días siguientes a la fecha de la suspensión.

El apartado 4 del mentado artículo dispone que:

> «Las personas profesionales de la Abogacía y de la procura podrán acogerse a las mismas causas de suspensión por circunstancias personales o familiares que se recogen para cada uno de dichos profesionales en la Ley de Enjuiciamiento Civil. Tales causas de suspensión serán igualmente aplicables a los graduados y graduadas sociales».

TERCERO.- Debido a encontrarme aquejado/a por una dolorosa afección de [ESPECIFICAR], me encuentro obligado/a por prescripción facultativa a guardar reposo y cama, por lo que me resulta materialmente imposible comparecer ante ese órgano jurisdiccional el día fijado para la celebración de los actos de conciliación y juicio.

Para acreditar dichos extremos, acompaño al presente escrito certificado médico acreditativo de la enfermedad que padezco, suscrito por el facultativo D./D.ª [NOMBRE], colegiado/a n.º [NÚMERO].

Por lo expuesto,

SOLICITO:

Que tenga por presentado el escrito junto al certificado que se acompaña y sus copias, sea admitido y estimado el contenido del mismo, y con base en ello, acuerde la suspensión de los actos de conciliación y juicio señalados para el día [DÍA] de [MES], a las [HORA] horas de su mañana, y determine nueva fecha para la celebración de los mismos, por ser todo ello conforme a derecho y justicia.

En [LOCALIDAD], a [DÍA] de [MES] de [AÑO].

[FIRMA]

---

(1) Por la reforma realizada por la LO 1/2025, de 2 de enero, una vez implantados de forma efectiva los tribunales de instancia (D.T. 1.ª), todas las referencias realizadas a los juzgados unipersonales se entenderán realizadas a las secciones del orden jurisdiccional correspondiente de los tribunales de instancia.

En este caso para determinar la sección competente habrá que atender a lo dispuesto en el artículo 94 de la LOPJ, modificado por la LO 1/2025, de 2 de enero, en vigor desde el 23/01/2025.

Solicitud de suspensión del acto de juicio por mutuo acuerdo entre las partes

A TENER EN CUENTA. Por la reforma realizada por la LO 1/2025, de 2 de enero, una vez implantados de forma efectiva los tribunales de instancia (D.T. 1.ª), todas las referencias realizadas a los juzgados unipersonales se entenderán realizadas a las secciones del orden jurisdiccional correspondiente de los tribunales de instancia. La citada norma también modifica el apartado tercero del artículo 83 de la LRJS en vigor desde el 03/04/2025.

AUTOS N.º [AUTOS_NÚMERO]

AL JUZGADO DE LO SOCIAL N.º [NÚM_JUZGADO]/A LA SECCIÓN DE LO SOCIAL DEL TRIBUNAL DE INSTANCIA DE [LOCALIDAD] (1)

Don/Doña [NOMBRE_DEMANDANTE] y **don/doña** [NOMBRE_DEMANDADO] **(2)**, cuyas circunstancias obran en los autos reseñados, ante el juzgado de lo social n.º [NÚMERO]/la sección de lo social del tribunal de instancia de [LUGAR], comparecen y

EXPONEN

Mediante el presente escrito, al amparo del apartado 1 del artículo 83 de la Ley 36/2011, de 10 de octubre, reguladora de la jurisdicción social, solicitamos la suspensión de los actos de conciliación y juicio señalados para el [DÍA] de [MES] de [AÑO], a las [hora] h., basándose en las siguientes,

ALEGACIONES

PRIMERA.- Las partes del procedimiento reseñadas nos encontramos en vías de negociación para buscar una solución amistosa al problema planteado con la reclamación judicial efectuada.

SEGUNDA.- Es por ello que al amparo del apartado 1 del artículo 83 de la Ley reguladora de la jurisdicción social, solicitamos la suspensión de los actos de conciliación y juicio señalados para el [DÍA] de [MES] de [AÑO], a las [HORA].

TERCERA.- El precepto citado establece que la suspensión se acordará a petición de todas las partes siempre que se trate de la primera suspensión, lo que ocurre en el presente caso.

Por lo expuesto,

SUPLICO AL JUZGADO/A LA SECCIÓN:

Que habiendo por presentado este escrito, se admita y, previos los trámites oportunos se acuerde la suspensión de los actos de conciliación y juicio señalados en los autos citados por acuerdo de las partes y se determine nueva fecha para la celebración de los mismos.

Por ser justicia que pido en [LOCALIDAD], a [DÍA] de [MES] de [AÑO]

[FIRMAS]

---

(1) Por la reforma realizada por la LO 1/2025, de 2 de enero, una vez implantados de forma efectiva los tribunales de instancia (D.T. 1.ª), todas las referencias realizadas a los juzgados unipersonales se entenderán realizadas a las secciones del orden jurisdiccional correspondiente de los tribunales de instancia.

En este caso para determinar la sección competente habrá que atender a lo dispuesto en el artículo 94 de la LOPJ, modificado por la LO 1/2025, de 2 de enero, en vigor desde el 23/01/2025.

(2) Hacer constar la totalidad de participantes en el juicio para solicitar la suspensión.